El Padrenuestro
La oración liberadora de la comunidad de Jesús

Darío López R.

EL PADRENUESTRO

La oración liberadora
de la comunidad de Jesús

El Padrenuestro
La oración liberadora de la comunidad de Jesús
© 2020 *Darío López Rodríguez*

© 2020 Centro de Investigaciones y Publicaciones (CENIP) – Ediciones Puma
Hecho el Depósito Legal en la Biblioteca Nacional del Perú N° 2020-05735
Primera edición impresa, setiembre 2020
ISBN N° 978-612-4252-72-3

Categoría: Religión - Estudios bíblicos - Nuevo Testamento

Primera edición digital, setiembre 2020
ISBN N° 978-612-4252-73-0

Editado por:
© 2020 Centro de Investigaciones y Publicaciones (CENIP) – Ediciones Puma
Av. 28 de Julio 314, Int. G, Jesús María, Lima
Apartado postal: 11-168, Lima - Perú
Telf.:   (511) 423–2772
E-mail: administracion@edicionespuma.org
               ventas@edicionespuma.org
Web: www.edicionespuma.org
Ediciones Puma es un programa del Centro de Investigaciones y Publicaciones (CENIP)

Edición: J. Ávila
Diseño de carátula: Eliezer D. Castillo P.
Diagramación: Hansel J. Huaynate Ventocilla

Salvo cuando se indique expresamente otra versión, las citas bíblicas corresponden a la versión Reina-Valera 1960 (RV60).

A mis queridos amigos, profesores y
mentores Víctor Arroyo, Tito Paredes
y Nelson Ayllón, compañeros de
peregrinaje teológico en la Patria
Grande, tierra de promesa que anhela
su liberación definitiva.

Contenido

Presentación

¡Qué bueno es tener entre nosotros a escritores nuestros! Ya estamos acostumbrados a que el pastor y doctor Darío López nos regale escritos suyos como testimonio de vida y de ministerio.

Si existe una palabra con la que podemos resumir la teología del Nuevo Testamento, ésa es: PADRE. Esto es lo nuevo que vino a revelarnos nuestro Señor Jesucristo acerca de nuestro Dios y creador del universo. "¡Padre!" evoca más sentimientos que razones; es difícil apropiarnos de aquel que es trascendente.

La raíz de la mayor parte del ateísmo práctico y teórico no es argumento, sino actitud; no es intelecto, sino sentimiento; no es amor a la verdad, sino miedo a la verdad. "¡Padre!" nos invita a experimentar, a conocerlo con transparente franqueza; es actitud, antes que aptitud. "Padre" nos invita a abrirnos en lugar de cerrarnos; nos abre la mente para que, a continuación, la alimentemos debidamente *en la defensa y confirmación del evangelio* (Fil 1.7).

La oración siempre será sacerdotal; nos dirigimos a nuestro Padre cargados de problemas, conflictos y posibilidades. Cuando dialogamos con Él, amamos nuestra tierra, amamos lo que nuestro Padre ama. Y entonces, devueltos al mundo en el que a Él le plugo ubicarnos, volvemos con esperanza, con imaginación y con "oraacción".

Nuestro autor, a lo largo del análisis textual del Padrenuestro, nos regala algunos detalles de interpretación para encaminarnos en los propósitos de la reflexión. Detalles que nos ayudarán a ubicar mejor al texto en su contexto, para proponernos al "Dios que habla hoy" en nuestra circunstancia, y ver su posible transformación.

El autor es insistente y recurrente al proponer que nuestra experiencia con el "Padrenuestro" no sea sólo personal (Padre), sino también grupal, comunitario (nuestro). ¡Qué difícil resulta el aprendizaje comunitario en la fe evangélica! Éste es un desafío en el cual debemos ir aprendiendo a ver, no dos mundos, sino uno solo. "Dios bendice a buenos y a malos". ¿Cuál es la diferencia? La diferencia radica en que, para quienes lo amamos, Él es nuestro Padre. Ese eclipse de trascendencia e inmanencia debe verse en la vida comunitaria de la iglesia de las partes A y B del Padrenuestro.

Estamos invitados en el desarrollo de este libro a experimentar una oración que "sana, libera, transforma e integra". Una vez más insistimos en que la práctica comunitaria de la oración debe ser llevada a la *ora-acción*. Dice el autor: "en realidad una oración que no rompe la puerta de salida al mundo, no es una oración que el Señor desea".

En mi experiencia pastoral comunitaria, tuve la oportunidad de considerar el contenido del Padrenuestro como una propuesta litúrgica para la congregación. Su estructura era la del servicio litúrgico. Por ejemplo, cuando llegábamos a la frase "pan nuestro de cada día", levantábamos las ofrendas, las cuales no tenían otro propósito que compartir con el pueblo del Señor lo que nos daba en su gracia. Cuando escuchábamos "hágase tu voluntad", empezaba la exposición bíblica (del sermón, de la homilía), pues el fin de ella era motivarnos, encaminarnos hacia la voluntad del Padre aquí y ahora. Igualmente, las alabanzas tenían que ser escogidas de acuerdo con lo que indicaba el Padrenuestro. Asimismo, al escuchar "perdónanos nuestras deudas", se invitaba a la congregación a ese abrazo rico y comunitario entre los hermanos como señal del perdón y la reconciliación, profundizando de ese modo nuestra comunidad. A lo largo de dos años, por lo menos, cada domingo nos dejábamos guiar en nuestra liturgia por el Padrenuestro.

Hay que prepararnos para leer juntos este libro. No lo haga solo; quizá sea motivo para tener un compañero o un grupo de oración. Juntos nos ayudaremos a realizar una lectura creyente del Padrenuestro, que está presente y no está callado, *obrando en medio de nosotros. Despertando en nosotros el deseo de hacer lo que a Él le agrada y nos da el poder para hacerlo* (Fil 2.13).

Finalmente, me imagino a nuestro querido autor sentado frente al mar, contemplando la hermosura de su inmensidad; llevado por la naturaleza a la sorprendente presencia de nuestro Padre, Señor y Creador. En esa riqueza contemplativa, de repente el toque del Espíritu lo devuelve al barrio, con aptitud comprometida con el Reino, aquí y ahora.

Este libro nos ofrece preguntas comprometedoras, exigentes, relacionadas con el experimento del "Padrenuestro" en nuestro país, lleno de limitaciones y miseria humana.

Alejandro Silva García
Director Nacional de Liga Bíblica Perú

Introducción

Los seminarios e institutos bíblicos tienen en sus bibliotecas libros sobre la oración que ofrecen a sus frecuentes visitantes y a sus potenciales lectores. Las librerías evangélicas muestran en sus estantes libros sobre este tema, que ofertan constantemente a sus habituales clientes y a las personas interesadas en el tema. Sin embargo, a pesar de que el menú puede ser bastante variado en extensión, contenido y calidad, difícilmente se pueden encontrar estudios bíblicos acerca de la oración cristiana, particularmente, estudios bíblicos sobre la "Oración del Señor" (Hamman 1967: 102), conocida universalmente como el Padrenuestro.

Precisamente, con este breve libro, pensado principalmente como una guía de estudios bíblicos sobre el Padrenuestro, se busca llenar el mencionado vacío y ofrecer a los creyentes, a las congregaciones, a los pastores y a los estudiantes de los centros de formación pastoral, un insumo para valorar y repensar la oración cristiana. Particularmente, se pretende revalorar la dimensión personal, familiar, social y política, privada y pública del Padrenuestro, oración modelo a la cual se ha llamado la "oración de la liberación integral" (Boff 1986: 13) o la "oración liberadora" (Pikaza 1985: 346).

En esta guía de estudios bíblicos, sin perder de vista lo que se enseña en el Nuevo Testamento sobre la oración cristiana, se busca que los participantes en los grupos de estudio bíblico de las congregaciones locales, así como los asistentes a las Escuelas Dominicales y a los cursos intensivos de discipulado, se encuentren cara a cara con la Palabra de Dios y le confiesen, como lo hizo el salmista hace muchos años: *Lámpara es a mis pies tu palabra, y lumbrera a mi camino* (Sal 119.105), o expresen al unísono:

> La ley de Jehová es perfecta, que convierte el alma; el testimonio de Jehová es fiel, que hace sabio al sencillo. Los mandamientos de Jehová son rectos, que alegran el corazón; el precepto de Jehová es puro, que alumbra los ojos. El temor de Jehová es limpio, que permanece para siempre; los juicios de Jehová son verdad, todos justos. Deseables son más que el oro, y más que mucho oro afinado, y dulces más que la miel, y que la que destila del panal (*Sal 19.7–10*).

Las preguntas formuladas en cada capítulo, luego del análisis bíblico y teológico respectivo, buscan que los participantes pasen de la observación del pasaje bíblico, a una comprensión de él con el objeto de, finalmente, reflexionar sobre las lecciones que se derivan de este estudio para su vida personal, familiar y ciudadana.

La intención que subyace en cada capítulo es que los miembros de las congregaciones, los pastores y los estudiantes de teología, entre otros, comprendan mejor los fundamentos de la fe evangélica; tengan una vida personal y familiar más saludable, acorde con los principios del reino de Dios; y sean ciudadanos modelos cuya contribución a la paz, la justicia y la reconciliación, sea visible y ejemplar en sus contextos particulares de misión.

Además, para enlazar la propuesta teológica, pastoral y misional del Padrenuestro con el mensaje del Nuevo Testamento sobre la liberación integral que el reino de Dios trae consigo, se añaden dos estudios bíblicos que tratan sobre el mismo tema, aunque, quizás, desde una perspectiva distinta a la de la Oración del Señor. Uno de los estudios examina la propuesta liberadora del *Magnificat* o canto mesiánico de María de Galilea (Lc 1.46–55). El otro estudio profundiza en la oración liberadora de la comunidad de discípulos de Jerusalén en circunstancias en las que peligraba no solamente su integridad física debido a las amenazas de las autoridades político-religiosas temporales de ese tiempo, sino también la proclamación pública de la buena noticia del reino de Dios (Hch 4.23–31).

Villa María del Triunfo, enero de 2020

La oración cristiana

Vivimos en sociedades humanas en las cuales las personas de toda condición social y trasfondo cultural están buscando, desesperadamente, orientación y consejo para tener una vida más saludable en el mundo cambiante de estos días. La proliferación de brujos y adivinos en las calles y en los programas de televisión, las personas que leen las manos y la lectura de horóscopos, son señales claras de la existencia de múltiples necesidades que tienen los seres humanos, cualquiera sea su trasfondo social, cultural o religioso. Cabe, entonces, la siguiente pregunta: ¿En qué se diferencian las palabras y los consejos de brujos y adivinos de los consejos bíblicos como la exhortación a orar siempre, incansablemente y sin desmayar? (Lc 18.1).

La oración, para un discípulo de Jesucristo, es una disciplina espiritual necesaria y vital en su comunión con Dios, así como en el cumplimiento de su misión en el mundo. En otras palabras:

> La oración es el corazón de la vida cristiana. Es mediante ella que nos comunicamos con Dios, y también es frecuentemente a través de ella que Dios se comunica con nosotros. La oración no es solo un hablar, sino también un escuchar; no es solo un pedir, sino también una entrega; no es solo una meditación, sino también una alabanza; no es solo una práctica, sino también un misterio; no es solo una devoción, sino también un ministerio (González 2019: 7).

Así lo comprendió el apóstol Pablo y, por eso mismo, les dio este consejo a los discípulos de la ciudad de Tesalónica: *Orad sin cesar* (1Ts 5.17). Su consejo fue claro, preciso y directo. No se trataba de un consejo pasajero, ocasional, improvisado, o de un mandato temporal. No dependía tampoco del estado de ánimo cambiante de los discípulos ni del tiempo del que disponían para dedicarse a la práctica de esta disciplina espiritual. La palabra "orad" indica que se trata de un mandato, de una ordenanza, de un imperativo en el que no hay lugar para las dubitaciones ni las postergaciones.

El mandato de orar que el apóstol Pablo dio a los discípulos de Tesalónica se refuerza en su segunda parte, pues ahí se indica que la oración debe ser continua. Las palabras "sin cesar" indican que la oración tiene que ser una práctica perseverante, permanente, impostergable. El consejo apostólico enfatiza, entonces, que la oración no es opcional o secundaria para la vida cristiana. Es una disciplina espiritual que debe estar incorporada como una marca característica del seguimiento a Jesús.

> **La oración, para un discípulo de Jesucristo,** es una disciplina espiritual necesaria y vital en su comunión con Dios, así como en el cumplimiento de su misión en el mundo.

En síntesis, para los discípulos de Jesús de Nazaret, la oración perseverante, "sin cesar", es una exigencia cotidiana. Sin embargo, no se trata de un mandato en el cual se les pide a los discípulos que permanezcan orando cada hora, cada minuto y segundo del día, dejando a un lado cualquier otra ocupación, Se trata, más bien, de tener siempre un espíritu de oración, así como la disposición de orar en todo tiempo, indesmayablemente, reconociendo de esa manera su dependencia del Señor.

La enseñanza bíblica respecto al lugar fundamental, central, medular, que tiene la oración en la vida de los creyentes es abundante. En el Antiguo y el Nuevo Testamento encontramos tantos ejemplos de oración como la mención de las circunstancias en las cuales los creyentes elevaron su clamor a Dios. Una clara muestra es la oración registrada en el salmo 42:

> Como el ciervo brama por las corrientes de las aguas, así clama por ti, oh Dios, el alma mía. Mi alma tiene sed de Dios, del Dios vivo; ¿cuándo vendré y me presentaré delante de Dios? Fueron mis lágrimas mi pan de día y de noche. Mientras me dicen todos los días: ¿Dónde está tu Dios? (*Sal 42.1–3*).

En el Antiguo Testamento se subraya que la oración es un elemento clave de la fe bíblica. Las experiencias de Ana, la mamá del profeta Samuel (1S 2.1–10), del rey David (Sal 51.1–19) o del rey Asa (2Co 14.11), son suficiente evidencia.

En el Nuevo Testamento se trata insistentemente el tema de la oración haciendo uso de ejemplos (Fil 1.3–11; Hch 12.5), parábolas (Lc 18.1–8) o demandas específicas relacionadas con la responsabilidad de orar siempre (1Ti 2.8; Stg 5.16).

Todos estos ejemplos de oración indican que, mediante la práctica de la oración, los discípulos confiesan la soberanía de Dios, afirmando así que únicamente Él controla todo el universo, y que Él tiene la última palabra en la historia. Confiesan su fe en Dios como Creador de todo lo que existe y dueño de todo el universo. Confiesan que Él es el Señor de la Historia, afirmando de esa manera que las autoridades temporales tienen solamente un poder conferido o delegado, ya que el poder último lo tiene únicamente Dios. Confiesan que Él se comunica con los seres humanos y actúa en el terreno de la historia.

Así se puntualiza en la oración comunitaria de la primera generación de discípulos que Lucas registra en Hechos de los Apóstoles, una oración relacionada o conectada con una amenaza concreta que ponía en riesgo su vida y su testimonio público:

> … alzaron unánimes la voz a Dios, y dijeron: Soberano Señor, tú eres el Dios que hiciste el cielo y la tierra, el mar y todo lo que en ellos hay; que por boca de David

> tu siervo dijiste: ¿Por qué se amotinan las gentes, y los pueblos piensan cosas vanas? Se reunieron los reyes de la tierra, y los príncipes se juntaron en uno contra el Señor, y contra su Cristo [...] Y ahora Señor, mira sus amenazas, y concede a tus siervos que con todo denuedo hablen tu palabra mientras extiendes tu mano para que se hagan sanidades y señales y prodigios mediante el nombre de su santo Hijo Jesús (*Hch 4.24–26, 29–30*).

Los discípulos tienen, entonces, en la oración el combustible espiritual que necesitan para caminar con confianza en medio de las adversidades de la jornada cotidiana. La oración es para ellos una fuerza espiritual que los poderosos de este mundo no pueden secuestrar ni manipular a su antojo, y que los impulsa a proclamar en todas las realidades sociales, culturales, políticas y religiosas, su fe inquebrantable en Jesús de Nazaret encarnado, crucificado y resucitado. Una fe que nunca debe depender ni depende de las circunstancias materiales en las que se encuentren ni tiene que ser frenada por las intimidaciones veladas o abiertas del poder político, religioso, económico o militar.

> **... mediante la práctica de la oración,** los discípulos confiesan la soberanía de Dios, afirmando así que únicamente Él controla todo el universo, y que Él tiene la última palabra en la historia.

Los discípulos deben comprender, entonces, que una oración conectada con los problemas concretos de la realidad histórica, tiene que ser una oración inteligente y comprometida, antes que un monólogo sobre las necesidades materiales de los discípulos o la expresión de una fe religiosa confinada a la esfera privada de la vida y, por lo tanto, incapaz de afectar las estructuras de poder que oprimen a los seres humanos.

La oración del Señor

El padrenuestro

La oración modelo de Jesús, conocida como el Padrenuestro, "ofrece una aplicación de sus instrucciones sobre la oración [...] y su autenticidad nunca ha sido discutida en serio" (Cullmann 1999: 75–76). En esta oración o plegaria "escuchamos palabras de Jesús mismo" (Cullmann 1999: 76)[1] y, por esa razón especial, está considerada como "la quintaesencia de [la] intención y misión" de Jesús (Boff 1986: 30).

Del Padrenuestro se afirma lo siguiente:

> Entre las oraciones de Cristo, el Padrenuestro ocupa un puesto privilegiado. Se lo ha llamado "Oración del Señor",

---

[1] De acuerdo con Oscar Cullmann: "Es opinión casi unánime que la lengua original del padrenuestro fue el arameo" (Cullmann 1999: 79). Joachim Jeremias añade: "... la lengua madre de Jesús fue *una variedad galilea del arameo occidental*, debido a que las analogías lingüísticas más cercanas con las palabras de Jesús las encontramos en los fragmentos arameos populares del Talmud y de los midrashim palestinenses, que son oriundos de Galilea. Aunque su fijación por escrito no tuvo lugar hasta los tiempos del siglo iv al siglo vi d. C., toda la probabilidad habla en favor de que, ya en los días de Jesús, el arameo galilaico hablado en la vida cotidiana se diferenciaba del arameo (judeo) de Palestina meridional por la pronunciación, las divergencias lexicográficas, las diferencias gramaticales, y por haber experimentado menos la influencia del lenguaje culto de las escuelas rabínicas. El pasaje de Mt 26, 73 presupone que a un galileo se le podía reconocer en Jerusalén por su dialecto" (Jeremías 2009: 16).

Pierre Grelot, por su parte, sostiene que "este formulario estaba en arameo, la lengua corriente, y no en la *lengua sagrada* del culto judío" (Grelot 1988: 304).

no en el sentido de una oración para uso del Señor, sino enseñada a los hombres por Jesús mismo como modelo de toda oración cristiana. La tradición ha visto en ella un tratado práctico de oración. Tertuliano llega a llamarla *breviarium totius evangelii*. Ningún texto evangélico ha sido tan frecuentemente comentado (Hamman 1967: 102).

En el Padrenuestro tenemos, entonces, con seguridad, una tradición muy antigua, la *ipsissima vox* de Jesús:

Jesús, por medio de su oración, no sólo ofreció a sus discípulos un modelo de cómo debían orar, sino que les dio también una nueva oración, que tanto por razones lingüísticas como objetivas pertenece a la veta original de la tradición: el padrenuestro (Jeremias 2009: 227–228).

Las primeras comunidades de discípulos tenían al Padrenuestro como un insumo clave para la catequesis, discipulado o formación cristiana de los nuevos conversos y para todos los creyentes:

… el padrenuestro constituía, hacia el año 75 d. C., parte integrante de las instrucciones sobre la oración que se daban en toda la iglesia y, por cierto, como nos lo hace sospechar la ordenación de la materia que hallamos en la *Didaché* (1–6 dos caminos, 7 el bautismo, 8 el ayuno y el padrenuestro, 9s la cena), era parte integrante de la instrucción que seguía al bautismo. La iglesia judeocristiana y la iglesia paganacristiana [sic] están de acuerdo con esto: se enseña a orar con el padrenuestro (Jeremías 2009: 229).

Las primeras comunidades de discípulos tenían al Padrenuestro como un insumo clave para la catequesis, discipulado o formación cristiana de los nuevos conversos y para todos los creyentes.

En cuanto a las versiones del Padrenuestro registradas en los evangelios de Mateo y Lucas, particularmente sobre las diferencias entre ambas versiones, y con respecto al público al cual fueron dirigidos estos documentos del Nuevo Testamento, se afirma que:

> No hay duda: Mateo nos transmite una instrucción sobre la materia, destinada a los cristianos de origen judío; Lucas, por su parte, expone una catequesis para cristianos procedentes de la gentilidad [...] Por tanto, hacia el año 75 d. C., el padrenuestro era un ingrediente básico de la instrucción oracional de la iglesia primitiva; tanto en la judeo-cristiana como en la constituida por los paganos convertidos. Unos y otros, por muy distinta que fuese su situación original, concordaban en una cosa; era un mismo Cristo el que les había enseñado a rezar a nuestro Padre [...]. Cada evangelista nos transmite el texto del padrenuestro tal como se rezaba en su tiempo y en su iglesia (Jeremías 2005: 220).

Puntualizándose, además, que cuando:

> ... se escribieron los evangelios de Mateo y Lucas —es decir, hacia los años 75–80 d. C.—, el padrenuestro había sido transmitido en dos redacciones concordantes en lo esencial, pero diferentes en una de ellas (Mt 6, 9–13); y con variantes accidentales, también en la Didajé, era más larga que la otra (Lc 11. 2–4) (Jeremías 2005: 218).

Y se sostiene que:

> Estos dos catecismos sobre la oración están destinados para situaciones distintas: el de Mateo está destinado para personas que han aprendido a orar, pero cuya oración corre peligros; el de Lucas está destinado para personas que todavía han de aprender a orar como es debido. Esto quiere decir que, en Mateo, tenemos un catecismo judeocristiano sobre la oración, y en Lucas un catecismo paganocristiano

[sic] [...] tenemos ante nosotros dos versiones de dos iglesias diferentes" (Jeremías 2009: 229).

Se precisa también que la:

> ... así llamada "Oración del Señor" o "Padre Nuestro" fue dada por Jesús como un modelo de oración cristiana genuina. Según Mateo la dio como un modelo para copiar (*Orareis así*), según Lucas como una forma para usar (11:2, "Cuando oréis, decid...") [...] (Stott 1984: 165).

Además de lo señalado hasta este momento, se puntualiza que mientras "Mateo se dirige a los judíos que saben rezar correctamente, Lucas se dirige a los paganos que no rezan y han de ser iniciados en la oración" (Boff 1986: 29).

En relación con las diferencias que existen entre las dos versiones del Padrenuestro, la del evangelio según Mateo y la del evangelio según Lucas, se expresa que dichas diferencias:

> ... no cabe atribuirlas, probablemente, a los evangelistas, sino que se explican por la existencia de dos tradiciones o usos comunitarios que se reflejan en uno y otro (Cullmann 1999: 78)[2].

¿Cuál fue entonces la versión original del Padrenuestro: la que registra Mateo en su historia de Jesús o la que consigna Lucas en su evangelio? La discusión sobre este asunto se resume con estas palabras:

> Considerando en su conjunto nuestra investigación, el resultado puede resumirse diciendo que la redacción de Lucas conservó la forma más antigua por lo que respecta

---

2 Oscar Cullmanm, citando a E. Lohmeyer, acota lo siguiente sobre este asunto: "... la una, utilizada por Mateo, procede de Galilea, y la otra, utilizada por Lucas, de Jerusalén. La versión de Lucas fue escrita para los miembros de la comunidad primitiva a los que este evangelista califica de *helenistas* (Hech 6, 1ss), por los que él estaba claramente interesado" (Cullmann 1999: 78, nota al pie 62).

[a] la longitud; pero el texto de Mateo está más próximo al original en cuanto a la formulación del contenido común a ambas redacciones (Jeremías 2005: 223)[3].

Sobre la estructura del Padrenuestro, comparándose las versiones de Mateo y Lucas, se afirma que:

> … consta de dos partes. La primera se caracteriza por el uso de la segunda persona de singular: "tu", "tuyo", y la segunda, por el uso de la primera persona de plural: "nosotros", "nuestro". La primera parte se refiere a un acontecimiento divino que nos afecta también a nosotros y en el que participamos, pero que no radica directamente en el ámbito humano. La segunda se refiere a un acontecimiento divino que tiene por objeto directo al ser humano. Pero ambas partes están relacionadas por las acciones salvíficas que se *piden* a Dios (Cullmann 1999: 84).

Y se acentúa que:

> El orden de las peticiones no es arbitrario. Se empieza por Dios y sólo después se pasa al hombre; porque a partir de Dios, de su óptica, es como nos preocupamos de nuestras necesidades; y en medio de nuestras miserias es desde donde debemos preocuparnos de Dios. La pasión por el cielo se articula con la pasión por la tierra (Boff 1986: 614).

Se puntualiza, además, en cuanto a su estructura, que el Padrenuestro:

> … se divide en dos partes: una tiene por objeto a Dios, la otra, a los hombres. Las tres peticiones que se refieren a Dios

---

[3] Joachim Jeremías precisa, además: "con respecto a la *longitud*, el texto —más breve— de Lucas debe considerarse como más primitivo; con respecto a los *elementos comunes*, el texto de Mateo es el que debe considerarse como más primitivo" (Jeremías 2009: 231). Y Pierre Grelot afirma que "la recensión de Lucas cuenta con mayores posibilidades de ser la versión original" (Grelot 1988: 302).

nos dan en síntesis la revelación del Antiguo Testamento, respetando el ritmo de su progresión [...] *Santificado sea tu nombre* recapitula la primera revelación hecha a Moisés de la trascendencia de Dios [...] *Venga a nosotros tu reino.* De estos hebreos dispersos, Yahveh hace una nación y luego un reino [...] *Hágase tu voluntad.* El reino de Israel es precario a causa de la prevaricación [...] Estas revelaciones progresivas jalonan la historia de Israel y terminan en su término, Cristo, que las recapitula [...]. La estructura de la segunda parte del padrenuestro es más difícil de descubrir [...]. Las tres últimas peticiones responden a la novedad del evangelio (Hamman 1967: 108).

Teniendo en cuenta todas estas valiosas opiniones, bastante útiles para comprender un poco mejor la oración modelo de Jesús, la versión del Padrenuestro que examinaremos es la que nos ha dejado Mateo en el evangelio que lleva su nombre (Mt 6.9–13; cf. Lc 11.2–4). La razón histórica y teológica, para esta opción intencional, que puede parecer incluso arbitraria, es la siguiente:

... desde fecha muy temprana la versión de Mateo parece haber sido la más común. Ciertamente, al estudiar los antiguos escritores cristianos vemos que, por lo general, es esta la versión la que citan y estudian; por tanto, sería también la que se empleaba en las iglesias de esos autores en las distintas partes del mundo antiguo (González 2019: 14).

Mateo ubica el Padrenuestro como parte de un largo discurso de Jesús conocido como el Sermón del Monte, en el que se explican y precisan las normas que deben caracterizar a la nueva sociedad que Jesús de Nazaret inauguró con su presencia y sus acciones liberadoras en favor de los indefensos y los desposeídos. En cambio, Lucas, en su historia de Jesús, ubica el Padrenuestro en el contexto de una petición que le hace uno de sus discípulos para que les enseñe a orar: "Señor, enséñanos a orar, como también Juan enseñó a sus discípulos" (Lc 11.1).

Un estudio detallado de la versión de Lucas da cuenta de que el autor del tercer evangelio precisa que Jesús tenía una práctica visible de oración conocida por sus discípulos. Considerando esa realidad, cabe aquí una pregunta: ¿El Padrenuestro es la única enseñanza de Jesús sobre la oración como una práctica necesaria, cotidiana y vital para los discípulos? Una lectura de los evangelios indica que no es así. La oración, por ejemplo, es uno de los temas transversales en el evangelio según Lucas. El autor de este evangelio muestra a Jesús en oración nueve veces (3.21; 5.16; 6.12; 9.18, 29; 11.1–4; 22.39–46; 23.34, 46). Dos parábolas, exclusivamente lucanas, destacan también la centralidad de la oración en la vida de los discípulos (Lc 18.1–8; 18.9–14).

Aparte del evangelio según Lucas, Juan, en el suyo, ha registrado la oración de Jesús por la unidad de los discípulos (17.1–26). Esta hermosa oración, con hondas reflexiones sobre la unidad cristiana, tiene también un marcado acento misionero. En ella se traza la ruta que deben seguir los discípulos de Jesús en sus realidades misioneras particulares: "Como tú me enviaste al mundo, así yo los he enviado al mundo" (Jn 17.18; cf. 20.21).

Bajo este paraguas más amplio, examinaremos el Padrenuestro en el contexto en el que, según el evangelio de Mateo, Jesús enseñó su oración modelo a los discípulos. Las siguientes serán las preguntas sobre las que descansará nuestro estudio del Padrenuestro:

- ¿Qué nos enseña el Padrenuestro sobre el contenido y los alcances de la oración cristiana?
- ¿Qué lecciones permanentes, para los discípulos de todas las épocas, quiso dejar Jesús con esta oración modelo?
- ¿Es el Padrenuestro una oración pasadista, desmovilizadora socialmente, despolitizada, y que invita a la resignación y al acomodo?
- ¿Tiene el Padrenuestro una dimensión social y política que pone en tela de juicio los diversos estereotipos sobre la oración cristiana y la misión de los cristianos en el mundo?

Los estudios bíblicos reunidos en este pequeño libro buscan responder las preguntas planteadas afirmando que el Padrenuestro es una oración actual, contextual, liberadora y hondamente misionera. Entre otras razones, porque:

> En la oración del Señor encontramos prácticamente la correcta relación entre Dios y el hombre, el cielo y la tierra, lo religioso y lo político, manteniendo la unidad del único proceso [...] En la oración de Jesús, la causa de Dios no es ajena a la causa del hombre, y la causa del hombre no es extraña a la causa de Dios [...] Por eso consideramos al padrenuestro como la oración de la liberación integral (Boff 1986: 12–13).

Seguimos así el surco trazado por las primeras comunidades de discípulos que tuvieron al Padrenuestro como uno de los elementos centrales de su vida comunitaria:

> En la comunidad primitiva, el padrenuestro se convirtió pronto en oración comunitaria; así lo demuestran tanto la antigua recopilación de la *Didajé*, donde se cita entre afirmaciones sobre el bautismo (7,1 ss) y la eucaristía (9,1 ss), como algunos pasajes de las cartas de Pablo y del evangelio de Juan, y con razón ha sido hasta hoy *la* oración de la Iglesia en todas las confesiones cristianas (Cullmann 1999: 76–77).

Así fue en efecto. La oración del Señor, el Padrenuestro, aunque con ciertas variantes que para nada cambian la esencia de su contenido, fue registrada en la *Didajé* (la Doctrina de los doce apóstoles). Esto indica que, desde una fecha muy temprana, las comunidades de discípulos conocían el Padrenuestro, lo citaban y lo transmitían.

En la *Didajé* el Padrenuestro se registra con estas palabras:

> Padre nuestro celestial, santificado sea tu nombre, venga tu reino, hágase tu voluntad como en el cielo, así en la tierra.

El pan de nuestra subsistencia dánoslo hoy y perdónanos nuestra deuda, así como también nosotros perdonamos a nuestros deudores, y no nos lleves a la tentación, mas líbranos del mal. Porque tuyo es el poder y la gloria por lo siglos (Didajé 8.2).

Una comparación con la versión del Padrenuestro registrada en los evangelios de Mateo y Lucas, demuestra que no existen diferencias significativas y que la trasmisión escrita u oral, o ambas, fue fidedigna. Habría que acentuar, además, que un dato interesante de la *Didajé* es que, luego de registrar el Padrenuestro, se aconseja o recomienda: "Así oraréis tres veces al día" (*Didajé* 8.2). De esta manera, se da a entender que, en las primeras comunidades de discípulos, la oración del Señor, además de conocida, fue parte de la liturgia o del culto común.

> **... el Padrenuestro es una oración actual,** contextual, liberadora y hondamente misionera.

A la luz de la discusión previa, se puede afirmar, entonces, que estudiar el Padrenuestro, reflexionar sobre sus alcances pastorales y misioneros para el testimonio cristiano más allá de la frontera religiosa, ayudará particularmente a redefinir el rostro público de la comunidad evangélica y a un mejor ejercicio de la ciudadanía de los creyentes, que tienen también la responsabilidad de luchar por el bien común y la justicia para todos.

El contexto del Padrenuestro

Jesús y la oración

Y cuando ores, no seas como los hipócritas;
porque ellos aman el orar en pie en las sinagogas
y en las esquinas de las calles,
para ser vistos de los hombres;
de cierto os digo que ya tienen su recompensa.
—Mateo 6.5

La oración cristiana es diálogo con Dios, conversación íntima con nuestro Señor, encuentro cotidiano con el Padre celestial, expresión de una relación fresca con nuestro Creador. En los momentos de oración, los discípulos descubren su corazón, comparten todo lo que tienen en lo más profundo de su vida, y se entregan confiadamente en los brazos del Padre Celestial. Preguntémonos, entonces:

- ¿Cuál es el contenido de nuestra oración personal y comunitaria?
- ¿Por qué oramos cada día?
- ¿A quién queremos agradar cuando oramos en nuestra habitación o en un espacio público como el templo?

Estas y otras preguntas sobre la oración cristiana pueden responderse a la luz de esta sección del llamado Sermón del Monte, en la que

La oración cristiana es diálogo con Dios, conversación íntima con nuestro Señor, encuentro cotidiano con el Padre celestial, expresión de una relación fresca con nuestro Creador.

Jesús hace un balance crítico de la práctica de oración de los religiosos de su tiempo. En este pasaje del evangelio según Mateo, Jesús hace una radiografía espiritual de la conducta de los religiosos hipócritas, denuncia públicamente su hipocresía disfrazada de piedad, e insta a sus discípulos a ser radicalmente diferentes de ellos, tanto en su relación con Dios como con el prójimo.

1. La crítica de Jesús

Jesús conocía de primera mano la práctica religiosa de las personas de su tiempo. Por esa razón, confrontó directamente prácticas habituales como la limosna, la oración y el ayuno, denunciando la hipocresía que se ocultaba detrás de las acciones religiosas cotidianas de personas que se presentaban como modelos de vida piadosa (Mt 6.1–18).

En su evangelio, Mateo registra que Jesús no evadió los problemas, como lo hacen a menudo los religiosos corruptos, adictos al poder político y esclavos del dinero. En su relato, Mateo subraya que Jesús va directo al problema, desnudando la conducta hipócrita de religiosos que no viven según las reglas de su fe, que aman la adulación en público y que tienen una doble moral. De acuerdo con el evangelio según Mateo, Jesús no tolera las mentiras disfrazadas de piedad, las conductas impostadas ni a los religiosos que viven falsamente.

Para profundizar la comprensión y actualización de las palabras de Jesús, se pueden formular varias preguntas, a la luz de Mateo 6.5. Entre ellas:

▶ ¿A quiénes llama Jesús hipócritas en este pasaje?
▶ ¿Cómo describe Jesús a los religiosos hipócritas de su tiempo?

- ►	¿Qué hacían estos religiosos cuando oraban en los lugares públicos?
- ►	¿Por qué les agradaba que la gente los viera y reconociera como personas muy religiosas, ejemplares y santas?
- ►	¿Por qué estaban tan afanados por el espectáculo, los aplausos y la figuración?
- ►	¿En que se parecen ellos a los religiosos hipócritas de este tiempo?
- ►	¿Podemos convertirnos nosotros también en religiosos hipócritas? ¿Cómo?
- ►	¿Qué deberíamos hacer para no convertirnos en religiosos hipócritas, amantes del espectáculo y de la figuración, buscadores de aplausos y de recompensas humanas, títeres del poder político y amantes de las cuentas bancarias abultadas?

2. La lección para los discípulos

A los discípulos, luego de escuchar la crítica frontal de Jesús a la práctica religiosa de quienes se creían modelos ejemplares de creyentes, debió haberles quedado claro cuál tenía que ser la diferencia entre ellos y los religiosos de su tiempo. Debió haberles quedado claro también que delante de Jesús no tienen ningún valor las poses religiosas que buscan el aplauso del público o las hipocresías con las que se busca ocultar los pecados personales y colectivos.

La exigencia clara de Jesús fue dejar a un lado toda forma de hipocresía, toda superficialidad y mentira, así como todo disfraz y maquillaje religioso detrás del cual se ocultan motivaciones no santas. Cabe preguntarse, entonces:

- ►	¿Por qué debemos evitar caer en conductas falsas, impostadas, superficiales y mentirosas, como la de los religiosos a quienes Jesús criticó frontalmente?
- ►	¿Cómo tenemos que orar cuando estamos en lugares públicos como los templos o las calles?

► ¿Debemos orar para que nos aplauda la gente y comente qué santos somos? ¿Para satisfacer nuestro ego?

► ¿A quién le debemos agradar en todo tiempo y por qué?

Los discípulos de Jesús tienen que orar en todo tiempo, es decir, conversar cotidianamente con su Señor y Maestro. La oración es una práctica que se debe incorporar a la vida cotidiana como parte fundamental de una relación cercana e íntima con Dios. La oración cristiana tiene que ser una práctica diaria, sincera, franca, natural, espontánea y fresca. La oración cristiana debe diferenciarse claramente de la práctica de oración de los religiosos hipócritas, interesados solamente en su propia satisfacción, su bienestar material y los aplausos de la gente.

La oración
de los discípulos

Mas tú, cuando ores, entra en tu aposento,
y cerrada la puerta,
ora a tu Padre que está en secreto;
y tu padre que ve en lo secreto
te recompensará en público.
—Mateo 6.6

Luego de denunciar públicamente la conducta hipócrita, superficial e interesada de los religiosos de su tiempo, Jesús explicó brevemente a sus discípulos la diferencia que debe existir entre la oración cristiana y la oración como una simple forma de gloriarse a sí mismos. Les explicó, en pocas palabras, por qué la oración debe ser una práctica cotidiana y por qué para ellos constituía una marca innegable de su compromiso con Dios.

1. Una práctica cotidiana

Jesús afirma que la oración tiene que ser una práctica cotidiana en la vida de los discípulos: "Mas tú, cuando ores […]". Da por sentado que los discípulos tienen una práctica de oración cotidiana, dialogan con Dios cada día, mantienen una relación fresca y frecuente con Dios a través de la oración.

La oración no es ni tiene que ser, entonces, un medio para satisfacer nuestras necesidades materiales, una práctica accesoria o accidental, un recurso que sólo utilizamos cuando tenemos un problema. Es importante, por lo tanto, plantearse preguntas como:

- ¿Con cuánta frecuencia oramos? ¿A diario, semanalmente, una vez al mes, sólo cuando vamos al culto o cuando tenemos necesidad?
- ¿Es la oración una práctica cotidiana en nuestra vida personal, familiar y comunitaria?
- ¿Hemos comprendido que, como discípulos de Jesús, tenemos que orar siempre, sin desmayar, incansablemente?
- ¿Podemos estar en comunión con Dios si no oramos cada día?
- ¿Cómo sería nuestra vida personal, familiar y pública si no estuviera respaldada por una práctica cotidiana de oración?

Importa mucho, entonces, ser consistentes, coherentes e íntegros como creyentes. Y la oración es una señal clara de consistencia, coherencia e integridad porque, entre otras razones, da cuenta de nuestra cercanía e intimidad con Dios. En otras palabras, la oración expresa la textura de nuestra fe en Dios y visibiliza la calidad de nuestro compromiso con él. Orar es, entonces, más que un hábito, una señal de nuestra pertenencia a la comunidad de Jesús.

2. Una práctica personal

La oración no tiene que ser un ejercicio religioso frío, distante, circunstancial, superficial o interesado. La oración cristiana es una conversación cotidiana, un diálogo intenso, un tiempo de comunión y de intimidad con el Padre Celestial. En palabras de Jesús: "… entra en tu aposento, y cerrada la puerta, ora a tu Padre que está en secreto, y tu Padre que ve en lo secreto te recompensará en público".

Si la oración cristiana es un tiempo a solas con el Padre Celestial, un encuentro íntimo con nuestro Salvador y Señor, una conversación personal con nuestro Creador, ¿a quién o a qué nos dirigimos cuando oramos?, ¿para qué oramos cada día en privado o en público?, ¿para que la gente vea qué tan religiosos somos y para que alabe nuestra conducta religiosa? Cuando oramos, ¿buscamos la gloria de Dios o buscamos alimentar nuestra vanidad y nuestro orgullo? ¿Qué recompensa queremos obtener cuando oramos? ¿El aplauso de las personas, elevar nuestra reputación, un reconocimiento de nuestras habilidades y de nuestros saberes?

A diferencia de los religiosos hipócritas, complacientes con políticos corruptos y amigos de la injusticia, la recompensa de los discípulos no tiene que ser el aplauso de la gente, la obtención de ventajas materiales, o que los demás reconozcan que son personas muy religiosas. Cuando oran, los discípulos tienen que buscar en todo tiempo la gloria de Dios, dejando a un lado todo interés mezquino y toda práctica hipócrita. Deben ser conscientes de que agradan a Dios cuando tienen comunión con Él mediante la oración y cuando sirven responsablemente al prójimo indefenso y necesitado.

La oración genuina

> *Y orando, no uséis vanas repeticiones, como los gentiles,*
> *que piensan que por su palabrería serán oídos.*
> *No os hagáis, pues, semejantes a ellos;*
> *porque vuestro Padre sabe de qué cosas tenéis necesidad,*
> *antes que vosotros le pidáis.*
> —Mateo 6.7–8

La oración cristiana, según Jesús, no es un monólogo con el que se busca ganar el favor de Dios, enumerando los logros personales, inflando nuestro ego religioso palabreando. Ese fue el lamentable error del fariseo de la parábola, quien oraba consigo mismo, reclamándose perfecto y limpio de faltas delante de Dios (Lc 18.11–12). A Dios no se le puede impresionar con un verbo florido, con la capacidad de discursear sobre religión o con palabras rebuscadas. Lo que Dios espera es un corazón sincero, manos limpias y una mente santa. De manera que:

> Si la oración de los fariseos era hipócrita y de los paganos [gentiles] mecánica, entonces la oración de los cristianos tiene que ser real-sincera en oposición a hipócrita, reflexiva en oposición a mecánica. Jesús pretendía que nuestras mentes y corazones estuvieran involucrados en lo que dijéramos. Entonces se ve la oración en su verdadera luz —no como una repetición sin significado de palabras, ni como un medio para nuestra propia glorificación, sino

como comunión verdadera con nuestro Padre Celestial (Stott 1984: 164–165).

Los discípulos tienen que estar conscientes, entonces, de que, cuando separan un tiempo para la comunión íntima con Dios, mediante la oración, están en presencia de Él para ser escuchados y para escucharlo. Y deben saber que, en la presencia de Dios, ni la palabrería ni la hipocresía son prácticas religiosas que Él espera de ellos.

1. Palabras, palabras, palabras

Luego de denunciar públicamente la práctica de oración de los religiosos hipócritas, haciendo precisiones sobre las oraciones repetitivas, mecánicas, de las personas que pensaban que ésa era la forma correcta de acercarse a Dios. Jesús afirma que delante de Dios no tienen ningún valor las palabrerías o las mentiras disfrazadas con un lenguaje religioso: "… no uséis vanas repeticiones" (Mt 6.7). Y exige a los discípulos que sean diferentes: "No os hagáis, pues, semejantes a ellos" (Mt 6.8).

> **Los discípulos tienen que estar conscientes,** entonces, de que, cuando separan un tiempo para la comunión íntima con Dios, mediante la oración, están en presencia de Él para ser escuchados y para escucharlo.

Las palabras rebuscadas, un lenguaje exquisito que impresiona al público, una oración mecánica aprendida de memoria para repetirla, no son precisamente las formas de orar que Jesús espera de los discípulos. Los discípulos deben ser sinceros y reflexivos cuando se acercan al Padre en oración. Tienen que dejar a un lado las poses hipócritas y las palabras que se repiten mecánicamente, sin creer lo que se afirma y sin sentir lo que expresa. Jesús nos diría: ni hipocresía ni palabrería.

A la luz de las palabras de Jesús, preguntémonos entonces:

- ¿De qué manera oraban los gentiles, las personas paganas o los no creyentes? ¿Le agradan a Dios las oraciones aprendidas de memoria que no nacen del corazón, que no son naturales ni espontáneas, y que son más bien discursos vacíos y superficiales?

- ¿Ayuda la palabrería, o la repetición de frases, a tener una buena relación con Dios?

- ¿Cómo tiene que ser, entonces, nuestra oración? ¿Debe ser natural, fresca, espontánea, cotidiana, o artificial, guardada, aprendida e infrecuente?

- ¿Hemos comprendido que la oración cristiana tiene que ser un diálogo íntimo y sincero con el Padre Celestial, antes que vana palabrería o frases aprendidas de memoria que se repiten mecánicamente?

2. El Padre Celestial nos conoce

Las palabras de Jesús indican que al Padre Celestial no le impresionan los discursos bien elaborados o las frases vacías que no brotan del corazón. Jesús afirma que, antes que le pidamos algo, nuestro Padre Celestial conoce cuáles son nuestras necesidades: "… porque vuestro Padre sabe de qué cosas tenéis necesidad antes que vosotros le pidáis" (Mt 6.8).

Si el Padre Celestial conoce nuestras necesidades, incluso antes de que le pidamos lo que nos hace falta, consecuentemente, los discípulos tienen que ser diferentes, tanto de los religiosos hipócritas como de los no creyentes que piensan que a Dios se le agrada o impresiona con discursos religiosos desconectados de una práctica de justicia. Es importante, entonces, responder preguntas como las siguientes:

- ¿Por qué la oración cristiana tiene que ser diferente de las oraciones de los religiosos hipócritas y de la palabrería de los charlatanes profesionales?

- ¿Qué necesidades de los seres humanos conoce Dios?

- ¿Sólo la necesidad de pan, vestido, vivienda y trabajo?
- ¿Desconoce Dios nuestra necesidad de justicia, perdón, paz y reconciliación?
- ¿Desconoce Dios las situaciones de injusticia e impunidad que ocurren en nuestros países?
- ¿La oración cristiana debe estar desconectada la práctica de la justicia?

La oración de los discípulos, a diferencia de la oración de los religiosos hipócritas y la de los paganos, tiene que ser un diálogo sincero con el Padre Celestial. Un diálogo en el que confiesen su dependencia de Dios, su confianza en su amor y su esperanza en su protección. Un diálogo mediante el cual crezcan en compañerismo con Dios y forjen una calidad de vida distinta de la que se les ofrece en la sociedad circundante.

La oración liberadora de la comunidad de Jesús

Padrenuestro

Vosotros, pues, oraréis así:
Padre nuestro que estás en los cielos,
santificado sea tu nombre.
—Mateo 6.9

Como se ha subrayado en varios momentos, la oración modelo de nuestro Señor Jesucristo, conocida como el Padrenuestro, tiene muchas lecciones para la práctica de oración personal y comunitaria de los cristianos. Tres temas conectados entre sí resaltan claramente en las palabras iniciales de la oración modelo de Jesús:

a) Dios es Padre.
b) Dios es inmanente y trascendente.
c) Dios es santo.

1. Padrenuestro

La primera expresión del Padrenuestro es un llamado de atención a todo intento humano de apropiarse de Dios y de convertirlo en un instrumento al servicio de intereses políticos, religiosos o político-religiosos: "Padre nuestro". Es también un llamado de atención a toda expresión de egoísmo humano personal o colectivo, y a todo interés mezquino de las personas y de las instituciones. Dios es Padre de todos nosotros. Dios no es Padre de unas cuantas personas.

Dios es "Padre nuestro", no padre "mío" ni padre "tuyo"; es decir, Dios no tiene propietarios o dueños; tampoco pertenece exclusivamente a una persona o familia, país o Estado, dignatario religioso o confesión religiosa en particular. Dios es Padre de todos.

En consecuencia, ninguna persona o institución puede convertir a Dios en un dios familiar, encapsulado en intereses egoístas personales y familiares, propiedad de una estructura religiosa o instrumento de una opción política en particular. Es así porque el Padrenuestro es la "oración de la comunidad, de todos los que han sido escogidos, que entran en una relación nueva, aboliendo todos los otros vínculos de la sangre o de la raza" (Hamman 1967: 110–111).

> … **ninguna persona o institución** puede convertir a Dios en un dios familiar, encapsulado en intereses egoístas personales y familiares, propiedad de una estructura religiosa o instrumento de una opción política en particular.

Afirmar que Dios es Padre nuestro indica que los discípulos pueden y deben establecer una relación íntima, personal, tierna, cotidiana y de confianza con Él. Así nos enseñó Jesús, quién, en el Padrenuestro, "probablemente sólo dijo *Abba*"[4] (Cullmann 1999: 83), mostrando de esa manera una relación de familiaridad íntima con el Padre. Y espera que nosotros, los discípulos de todas las épocas, nos acerquemos con esa confianza y familiaridad al Padre:

---

4 Joachim Jeremías subraya: "En este *Abba* se manifiesta el secreto último de su misión: él, a quien el Padre dio en plenitud el conocimiento de Dios, tenía el privilegio mesiánico de dirigirse al Eterno con invocación infantil pletórica de confianza. Esta palabra *Abba* es *ipsissima vox Iesu*, y comprende nuclearmente su mensaje y su afirmación mesiánica" (Jeremías 2005: 227).

En el padrenuestro, Jesús da poderes a sus discípulos para que repitan *Abba* como él. Les hace participar en su posición de Hijo, autorizándoles, como a discípulos, suyos que son, para que hablen con el Padre celestial con tanta confianza como el niño pequeño con el suyo de la tierra (Jeremías 2005: 227).

Dios, como Padre bondadoso, nos acoge, se relaciona con nosotros, nos busca y encuentra, para honrarlo y para servir al prójimo, nuestro hermano por causa de Él. De manera que "Jesús no sólo invoca a Dios como mi Padre querido; también nos enseña a invocarle como nuestro Padre celestial, con la misma confianza suya" (Boff 1986: 42).

- ¿Qué confesamos cuando en nuestra oración decimos Padrenuestro?
- ¿Por qué en la oración de Jesús se presenta a Dios como Padre, y no como padrastro, padre adoptivo o padre putativo?
- ¿Cómo nos ayuda saber que Dios es nuestro Padre y que desea que nos relacionemos con Él como Padre a hijo o hijo a Padre?
- ¿Amamos y obedecemos a Dios como Padre?
- ¿Quién es el Padre amoroso, justo y compasivo de los niños abandonados y de los huérfanos, de las madres solteras, de las mujeres maltratadas, de los ancianos marginados y de los pueblos originarios excluidos y despreciados?

> **Dios, como Padre bondadoso,** nos acoge, se relaciona con nosotros, nos busca y encuentra, para honrarlo y para servir al prójimo, nuestro hermano.

2. Que estás en los cielos

La trascendencia e inmanencia de Dios se reconoce, afirma y expresa en estas palabras del Padrenuestro: "que estás en los cielos" (Mt 6.9). Dicho de otra manera, con estas palabras, se subraya claramente:

> … la *naturaleza* del Padre: éste no está ligado a lugares sagrados ni a una raza. No concentra su presencia sólo en el templo, ni en Sión, ni en el Sinaí, ni en los montes, ni en el desierto. Está allende todo, pero cubriéndolo todo, penetrándolo, ofreciendo su bondad paternal a todos […] Él es, sí, un Padre cercano, compasivo y bondadoso, pero es *otro* Padre; no hay que confundirle con el padre terreno, pues aquél no prolonga simplemente las características de éste. Él está de nuestra parte, nuestra vida y nuestro dolo no le son indiferentes; pero sigue siendo totalmente *Otro*, habita en el cielo […] para expresar la *trascendencia*, la *infinitud*, lo que el hombre no puede alcanzar con las propias fuerzas […] (Boff 1986: 44–45).

Y se afirma que:

> Yahveh es, a par, cercano y lejano, inmanente y trascendente. No está ligado a Sión, ni al templo, ni a un monte; es soberanamente independiente. Los cielos significan más una presencia que una locación divina […] (Hamman 1967: 111).

Dios, entonces, está con nosotros, cerca de nosotros; por eso es Padre nuestro. Pero no está amarrado a nosotros, para que lo convirtamos en nuestra propiedad o en el tótem particular de nuestra familia, raza, nación, partido político o estructura religiosa. Él está en los cielos. Él es cercano y distante de nosotros. Se evita así que las personas se apropien o adueñen de Él. Y se reconoce y afirma que nos acoge, protege y sostiene como Padre que está a nuestro lado siempre.

- ▶ ¿De qué formas los seres humanos han intentado apropiarse, secuestrar, amordazar a Dios para utilizarlo en beneficio de sus intereses religiosos y políticos?
- ▶ ¿Qué implica para nosotros tener conciencia de la inmanencia y la trascendencia de Dios?

▶ ¿En qué sentido Dios está con nosotros y más allá de nosotros?

▶ ¿Está Dios en todo tiempo a nuestro lado?

▶ ¿Cómo se expresa o manifiesta su presencia en nuestra vida privada y pública, familiar y social, individual y ciudadana?

3. Santificado sea tu nombre

Dios es Santo y demanda que sus hijos sean santos en cada dimensión de su vida: "Sed santos, porque yo soy santo" (1P 1.16, cf. Lv 11.44–45). Es así porque, sin santidad, "nadie verá al Señor" (Hch 12.14). La santidad de Dios no se conjuga con el pecado ni lo avala o justifica. La santidad de Dios no se mezcla con el pecado ni tolera el pecado venga de donde venga. Decir "santificado sea tu nombre" (Mt 6.9), para los discípulos de Jesús:

> Quiere decir que Dios sea respetado, venerado y honrado, como quien es: el *Santo*, el misterio impenetrable, fascinador y tremendo al mismo tiempo; como quien es Yavé (*Soy el que Soy*), quien nos acompaña y asiste; como quien es Abba, Padre bondadoso, cercano y distante, absolutamente inmanejable por los intereses humanos (Boff 1986: 65).

En consecuencia, cuando los discípulos en su oración expresan "santificado sea tu nombre", tienen que estar conscientes de que "el nombre de Dios designa su ser más íntimo" y que el hecho de que "este nombre sea *santificado* significa que Dios sea reconocido como el Santo. Porque la santidad es su ser" (Cullmann 1999: 86). Los creyentes oramos entonces para que Dios:

> **Decir "santificado sea tu nombre"** exige ser santos en la vida personal, familiar y ciudadana. Implica ser santos en las relaciones interpersonales, en la práctica de la justicia, en la búsqueda de la paz y en la construcción de un país para todos.

> … sea **santificado**, *tratado como santo*, porque deseamos
> ardientemente que aquél a quien el nombre pertenece reciba
> el debido honor en nuestras propias vidas, en la iglesia y en el
> mundo (Stott 1984: 167).

De todo lo expresado hasta este momento, se deduce que si Dios, como Padre de todos, es cercano y distante, y no puede ser manipulado para justificar y legitimar intereses religiosos y políticos oscuros, ¿quiénes pueden orar entonces diciendo "santificado sea tu nombre"?

- ► Si Dios es santo, ¿qué espera de nosotros como sus hijos e hijas?
- ► ¿Hemos comprendido que, como creyentes, estamos llamados a ser personas santas en pensamientos, sentimientos y acciones; santos en la vida privada y en la vida pública?
- ► ¿Es difícil vivir en santidad dentro y fuera de nuestro círculo familiar? ¿Por qué?
- ► ¿Qué tenemos que hacer cada día para honrar el nombre del Señor como personas, como miembros de una familia y como ciudadanos?
- ► ¿Cómo podemos estar deshonrando el nombre del Señor en nuestra vida personal, en nuestras relaciones sentimentales y amicales, en nuestro centro de estudios y de trabajo, así como en nuestro vecindario?

Cuando en nuestra oración decimos "Padre nuestro", afirmamos que Dios no puede estar enclaustrado en un templo, secuestrado en nuestra casa, y que no es propiedad exclusiva de nadie. Afirmamos, además, que como Padre tenemos que honrarlo, respetarlo y obedecerle en todo tiempo en la vida privada y pública sin separar en compartimientos estancos lo sagrado de lo profano y lo secular de lo religioso.

Decir "santificado sea tu nombre" exige ser santos en la vida personal, familiar y ciudadana. Implica ser santos en las relaciones interpersonales, en la práctica de la justicia, en la búsqueda de la paz y en la construcción de un país para todos. Demanda ser radicalmente diferentes de los no creyentes; diferentes en la forma de sentir, de pensar y de actuar. Diferentes en el ejercicio de nuestra ciudadanía, en la búsqueda del bien común, en la lucha por la justicia, la vida plena y la paz para todos.

Venga tu reino

Venga tu reino. Hágase tu voluntad,
como en el cielo, así también en la tierra.
—Mateo 6.10

El reino de Dios, a diferencia de los gobiernos humanos, tiene características singulares. Es un reino de vida, de justicia, de paz, de reconciliación, de perdón y de verdad. Un reino en el que la impunidad, la injusticia institucionalizada, la corrupción, la hipocresía política y religiosa no tienen lugar, porque son una negación de la santidad, la justicia y la vida plena que caracterizan al reino de vida del Dios de la Vida. Reino de vida que es alegría y esperanza, especialmente, para aquellos que son víctimas de los poderes que los oprimen y explotan impunemente. Es así porque:

> Reino no designa un territorio, sino el poderío y la autoridad divina que se hacen valer ahora en este mundo, transformando lo viejo en nuevo, lo injusto en justo y lo enfermo en sano [...] Los primeros destinarios son los pobres: en ellos se concreta el orden nuevo, no por causa de sus disposiciones morales, sino por el hecho de ser lo que son, pobres, víctimas del hambre, de las injusticias y de la opresión [...] El reino es una alegría que se celebra en el presente, pero al mismo tiempo es una promesa que se realiza en el futuro. Es don y tarea. Es objeto de esperanza (Boff 1986: 77-78, 79-80).

Ésta es la razón por la cual los discípulos de Jesucristo en su oración cotidiana, anhelan y esperan, impacientemente, su establecimiento definitivo, para que terminen la muerte, la injusticia e impunidad, la violencia, el odio, la venganza y la mentira, tan frecuentes en las sociedades humanas.

1. Venga tu reino

Los discípulos somos ciudadanos de un determinado país y somos también ciudadanos del reino de Dios; es decir, tenemos una doble ciudadanía, que nunca debemos desconocer ni ignorar. Y, por eso mismo, conociendo la lamentable situación de injusticia y mentiras, corrupción e impunidad en nuestros países, tenemos que clamar para que el reino de Dios se establezca de manera definitiva y para que la iglesia, señal y signo de ese reino, no se enlode y actúe como lo que es: primicias del reino de Dios, embajadora de la paz y de la justicia de Dios.

Cuando en nuestra oración personal y comunitaria decimos "Venga tu reino" (Mt 6.10), además de evocar y anhelar que el reino de Dios se establezca en forma definitiva, afirmamos que los reinos de este mundo y los poderes que oprimen a los seres humanos, son efímeros, transitorios y no tienen la última palabra en la historia.

> **Los discípulos somos ciudadanos de un determinado país** y somos también ciudadanos del reino de Dios; es decir, tenemos una doble ciudadanía, que nunca debemos desconocer ni ignorar.

Es así porque el reino de vida del Dios de la Vida confronta y desacomoda a los reinos de este mundo.

De acuerdo con el testimonio bíblico, el reino de Dios se hizo presente en el seno de la historia en la persona y obra de Jesús de Nazaret: *El tiempo se ha cumplido, y el reino de Dios se ha acercado [...]* (Mr 1.15), con señales claras del poder de Dios: *Mas si por el dedo de Dios echo yo fuera los demonios, ciertamente el reino de Dios ha llegado a vosotros* (Lc 11.20). Reino de Vida plena en el que, particularmente, los indefensos de la sociedad tenían un trato preferencial. De acuerdo con el testimonio lucano:

> Respondiendo Jesús les dijo: Id, haced saber a Juan lo que habéis visto y oído: los ciegos ven, los cojos andan, los leprosos son limpiados, los sordos oyen, los muertos son resucitados, y a los pobres es anunciado el evangelio (*Lc 7.22*).

El reino de Dios, con la iglesia como señal y primicia de él, ya está entre nosotros; sin embargo, aún esperamos su establecimiento definitivo, porque, si bien es cierto que "la batalla decisiva está librada [y] el triunfo asegurado, [...] no hay armisticio ni *victory day* todavía" (Cullmann 1999: 90). Además, se debe tener presente que cuando:

> ... se pide en el padrenuestro la venida del Reino, hay que pensar también primariamente en el reinado. El reinado que Dios ejerce en el cielo, en su Reino, debe hacerse realidad en la tierra [...] para Jesús el reino de Dios es a la vez presente y futuro. Ha comenzado y se está extendiendo, pero no es una realidad acabada (Cullmann 1999: 88–89).

Considerando la evidencia bíblica acerca de la dimensión presente y futura del reino de Dios, los discípulos tienen una tarea impostergable y siempre pendiente, como miembros de la comunidad de Jesús, señal y primicias del reino de Dios:

> Orar para que su reino *venga* es orar para que crezca, a medida que por medio del testimonio de la iglesia la gente se somete a Jesús, y que pronto sea consumado, cuando Jesús regrese en gloria a tomar su poder y su reino (Stott 1984: 167).

Varias preguntas se pueden formular, entonces, a la luz de la reflexión precedente, especialmente conectadas con la realidad de los "reinos de este mundo". Reinos humanos caracterizados por violencias e injusticias de diversa naturaleza que cosifican al ser humano, imagen de Dios.

- ► ¿Cómo son y cómo actúan habitualmente nuestras autoridades locales, regionales y nacionales?
- ► ¿Cuál es la conducta pública corriente de políticos, magistrados, funcionarios públicos, policías y militares?
- ► ¿Las autoridades civiles y militares buscan la justicia, promueven la vida, trabajan por la reconciliación y están activos para que la paz social sea una realidad cotidiana en cada rincón de nuestros países?
- ► ¿Por qué pedimos que el reino de Dios se establezca pronto?
- ► ¿En qué se diferencia el reino de Dios de los "reinos de este mundo"?
- ► ¿Cómo podemos trabajar, personal y colectivamente, para que la justicia del reino de Dios sea una realidad cotidiana en cada esfera de la vida humana?

2. Hágase tu voluntad

Cuando en la oración personal y comunitaria los discípulos claman *Hágase tu voluntad, como en el cielo, así también en la tierra* (Mt 6.10), además de disponerse a obedecer la voluntad de Dios en sus realidades particulares, dejando a un lado todo interés particular o colectivo, dan cuenta de que en las sociedades humanas en las que se encuentran, quienes tienen en sus manos el poder político, económico, militar y religioso no siempre actúan con justicia y respetan los derechos de todos los ciudadanos.

Hágase tu voluntad implica, entonces, preocuparse porque la paz y la justicia de Dios sean una realidad cotidiana en todas las

> **Hágase tu voluntad implica,** entonces, preocuparse porque la paz y la justicia de Dios sean una realidad cotidiana en todas las relaciones humanas; entre éstas, las de la política y la economía.

relaciones humanas; entre éstas, las de la política y la economía. Tiene que ser así porque:

> Ningún espacio debe quedar cerrado a la transformación intentada por el reinado de Dios; en todo debe empezar a fermentar la novedad del nuevo cielo y de la nueva tierra. Y bien, estas exigencias están encerradas en la expresión *así en la tierra como en el cielo*, o sea, hacer la voluntad de Dios en todo y en todas las dimensiones (Boff 1986: 96).

Los discípulos no tienen que olvidar que la voluntad de Dios siempre apunta al bienestar integral de su mundo y el de los seres humanos creados a su imagen. Ésta es la razón por la que en el Padrenuestro "Jesús pide que oremos para que la vida en la tierra se haga más parecida a la vida en el cielo" (Stott 1984: 167). Dios desea entonces que la vida, la justicia, la paz, la reconciliación, el perdón y la verdad caractericen todas las relaciones humanas. Por esa razón, prácticas recurrentes en nuestras sociedades, como la injusticia institucionalizada, la impunidad y la depredación de los recursos naturales no renovables, constituyen una negación de la voluntad de Dios.

> **Los discípulos no tienen que olvidar** que la voluntad de Dios siempre apunta al bienestar integral de su mundo y el de los seres humanos creados a su imagen.

- ¿Por qué debemos pedir que la voluntad de Dios se realice en este mundo?
- ¿Cómo queremos que sean nuestras relaciones personales, nuestra vida familiar y nuestras relaciones amicales?
- ¿Buscamos siempre que la voluntad de Dios se cumpla en nuestra vida y en nuestro país?
- ¿Qué significa y qué implica pedirle al Señor que su voluntad prevalezca sobre la voluntad de las autoridades, de los políticos, de los empresarios, de los magistrados y de los responsables del orden público?

► ¿Será la voluntad de Dios en la tierra que la impunidad, la corrupción, las injusticias, las diversas formas de violencia y la mentira se enseñoreen en las sociedades humanas y las personas?

La esperanza final de los creyentes no descansa entonces en las promesas y en las propuestas humanas de políticos y religiosos, siempre finitas, limitadas y precarias. La esperanza cristiana tiene su suelo firme en Dios, y por eso clamamos que su voluntad sea la que guie y transforme a las personas, las familias y los pueblos, sean o no sean creyentes.

El pan nuestro
de cada día

El pan nuestro de cada día,
dánoslo hoy.
—Mateo 6.11

Todas las personas tienen necesidad de pan material; sin embargo, muchas de ellas y sus familias, que viven en situación de pobreza y pobreza extrema, carecen del pan diario. Es una lamentable realidad que, mientras muy pocas personas tienen abundancia de pan y arrojan alimentos a la basura, miles de ellas, especialmente niños, adolescentes y ancianos, están desnutridos o padecen de hambre en África, América Latina y en parte de Asia. ¿Qué está pasando en el mundo? ¿Por qué la solidaridad y la generosidad no son gestos humanos cotidianos?

La oración modelo de Jesús, conocida como Padrenuestro, es un excelente punto de partida para reflexionar sobre la necesidad y la carencia de pan. Entre otras razones, porque el pan es una necesidad humana cotidiana y vital para las personas en todas las sociedades, independientemente de su trasfondo social, cultural o religioso. Y es así porque: "Al hombre le define el pan y no el dinero o el capital" (Pikaza 1985: 389).

Durante muchos siglos, en el Padrenuestro, la palabra "pan" fue el centro de atención y de discusión en diversos sectores de las iglesias cristianas. Unos afirmaban que se trataba del pan material y otros que Jesús se había referido al pan espiritual:

Algunos de los comentaristas antiguos no podían creer que Jesús pretendiera que nuestra primera petición fuera de pan literal, pan para el cuerpo. Les parecía impropio que, especialmente después de las tres nobles peticiones iniciales relacionadas con la gloria de Dios, descendiéramos de manera tan abrupta a una preocupación tan mundana y material. Por eso alegorizaron la petición. El pan al que él se refiere, dijeron, tiene que ser espiritual. Los padres de la iglesia primitiva como tertuliano, Cipriano y Agustín pensaban que la referencia era o al *pan invisible de la palabra de Dios* o a la Cena del Señor [...]. Debemos estar agradecidos por la comprensión bíblica mayor y más realista de los Reformadores. El comentario de Calvino sobre la espiritualización que hacían los padres [de la iglesia] fue: *Esto es excesivamente absurdo.* Lutero tuvo la sabiduría de ver que *pan* era símbolo para todo lo necesario para la preservación de esta vida, como alimento, un cuerpo sano, buen tiempo, casa, hogar, esposa, hijos, buen gobierno y paz, y probablemente deberíamos añadir que por pan Jesús quiso decir las necesidades y no los lujos de la vida (Stott 1984: 168–169).

Teniendo en cuenta que "Jesús no menospreció el acto de comer como necesidad humana" (Cullmann 1999: 96) y que afirmó que no sólo de pan vivirá el hombre (Mt 4.4; Lc 4.4), reconociendo así que los seres humanos tienen necesidad de pan material, se puede sostener que:

La primera petición se refiere, pues, al pan necesario para la subsistencia. Es la única petición cuyo objeto es material y, por este hecho, contrasta con las dimensiones ilimitadas de las peticiones precedentes. La oración por el pan está limitada en el tiempo y en el objeto: se para en las fronteras del día [...] fiándose del Padre; se contenta con lo indispensable, el pan [...]. El toque no está en el abandono pasivo a la providencia, sino en la caridad y la comunidad que la manifiesta (Hamman 1967: 126).

¿Quién no necesita el pan cotidiano? Pero ¿se trata del pan que se acumula egoístamente, o del pan con el cual se especula hasta que el precio suba, mientras miles de seres humanos mueren de hambre? La cuestión fundamental es: ¿Por qué Jesús enseñó a orar por el pan nuestro, no el pan mío o tuyo, de cada día? ¿Cuáles son las consecuencias éticas, sociales y políticas de esta sección del Padrenuestro?

1. El pan nuestro

Jesús en su oración se refiere, no al pan mío o al pan tuyo, sino al pan nuestro; es decir, se refiere al pan que pertenece a todos, al pan que tiene que compartirse con el prójimo, especialmente con el prójimo indefenso. Se trata del pan material que todos nosotros necesitamos cada día, pan que ciertamente satisface nuestra necesidad personal y familiar, pero que también tiene que ser compartido generosamente con los que carecen de pan debido a su situación de pobreza o porque sufren diversas formas de opresión y explotación que no les permite satisfacer plenamente su hambre material.

El pan nuestro, no el pan mío o el pan tuyo, sino el pan de la comunión que nos conecta con el prójimo y nos exige ser solidarios y generosos, especialmente con los pobres materiales. Es "pan esencial, sustancial, necesario para la vida" (Boff 1986: 106). Pan que se consigue con el sudor de la frente, con un trabajo digno y un salario justo, y que se lleva a la casa con gratitud y alegría, y se comparte con el prójimo como señal de comunión

> **Jesús en su oración se refiere, no al pan** mío o al pan tuyo, sino al pan nuestro; es decir, se refiere al pan que pertenece a todos, al pan que tiene que compartirse con el prójimo, especialmente con el prójimo indefenso.

humana. Pan que es el alimento indispensable, insustituible, "que se logra través del trabajo […] que se regala, se pide y se comparte" (Pikaza 1985: 349).

► ¿Qué nos enseña Jesús en su oración sobre la generosidad y la solidaridad como marcas del seguimiento a Él?

► ¿Por qué los cristianos no tienen que ser egoístas, indiferentes o mezquinos con el prójimo, particularmente cuando se trata de compartir el pan material, pan al cual muchos niños y mujeres abandonadas no tienen acceso?

► ¿Con quiénes tenemos que compartir el pan en nuestros contextos particulares de misión caracterizados por altos índices de pobreza extrema, injusticia, explotación, marginación y corrupción de funcionarios públicos?

2. El pan de cada día

Las palabras "de cada día" indican que el énfasis de la petición está en la relación de dependencia que los discípulos establecen con Dios. Una dependencia cotidiana que no implica un llamado a la parálisis social, la ociosidad, la mendicidad o la apatía. Dicho de otra manera:

> La petición de que Dios nos *dé* nuestro alimento no niega, por supuesto, que la mayoría de personas tengan que ganarse la vida, que los agricultores tengan que arar, sembrar y cosechar para suministrar los cereales básicos o que se nos ordene que alimentemos al que tiene hambre (Stott 1984: 169)

Es importante subrayar también que Jesús en el Padrenuestro no se refiere al pan de *cada una semana* o *cada un mes*, sino al pan diario, cotidiano, necesario y vital para la subsistencia de las personas. Él nos recuerda, con estas palabras, que cada día dependemos de Dios, y que debemos pedirle que nos provea el pan cotidiano que necesitamos para nuestro sustento y el de nuestra familia, así como para compartir con el prójimo. De esa manera:

> La cuarta petición nos sitúa en lo concreto de la vida humana, en plena médula, en el drama del mundo; pero levanta el debate a la altura de Dios, que vino y viene bajo la faz del pobre y del hambriento (Hamman 1967: 127).

Tiene que estar claro, entonces, que clamar por "el pan nuestro de cada día", pan de la fraternidad humana, pan material que nos remite al dador de la vida, exige plantearse preguntas como las siguientes:

- ¿El pan diario es el resultado sólo de nuestro trabajo o es, además, una señal de la misericordia y la justicia de Dios?
- ¿Por qué tenemos que pedir el pan de cada día y no el pan para varios días, semanas o meses?
- ¿No sería mejor tener abundancia de pan, acumular pan o apropiarse del pan ajeno para satisfacer nuestras necesidades?
- ¿Qué nos enseñan estas palabras de Jesús sobre nuestra dependencia de Dios?
- ¿Depender de Dios implica no trabajar, ser irresponsable y esperar que nos den el pan sin esforzarnos por conseguirlo cada día?

3. Un regalo de su amor y justicia

Jesús en el Padrenuestro afirma que los creyentes tienen que esperar confiadamente en la misericordia de Dios, porque Él proveerá el pan que necesitan y el pan necesario para compartir con el prójimo indefenso y carenciado. Sin embargo, ese pan no cae milagrosamente del cielo; exige más bien que responsablemente, con el sudor de nuestra frente, ganemos el pan material con gratitud y alegría para nuestra familia y para compartir con el prójimo. En tal sentido, pedir a Dios "el pan nuestro de cada día, dánoslo hoy", no nos exime del trabajo, porque es más bien "una expresión de dependencia final de Dios, quien normalmente usa medios humanos de producción y distribución a través de los cuales cumple sus propósitos" (Stott 1984:169).

- ¿Qué debemos hacer como hijos y padres responsables para obtener el pan de cada día a pesar de la falta de oportunidades, la injusticia en las relaciones laborales y las desigualdades sociales?

- ¿Esperamos en la misericordia de Dios o nos desesperamos cuando no tenemos el pan que necesitamos, especialmente, si nuestros hijos lloran y no tenemos suficiente dinero para comprar alimentos básicos?

- ¿Confiamos en que Dios proveerá siempre el pan para nosotros a pesar de la falta de trabajo, de los pocos ingresos que tenemos y de una economía orientada al enriquecimiento de los que más poseen y en la cual no todos tienen las mismas oportunidades?

> **... los creyentes tienen que esperar confiadamente** en la misericordia de Dios, porque Él proveerá el pan que necesitan y el pan necesario para compartir con el prójimo indefenso y carenciado.

El pan que tenemos en nuestra mesa, si bien es el resultado de nuestro trabajo responsable, es también gracia de Dios. Pero no se trata de una gracia que debe ser orientada a la simple acumulación de bienes materiales, sino una gracia que tiene que ser compartida generosamente con el prójimo, comprendiendo que la solidaridad, antes que el egoísmo inhumano, es una exigencia de la buena noticia del evangelio. Una buena noticia de paz y de justicia para todos los seres humanos, particularmente, para los pobres y los oprimidos.

Y perdónanos
nuestras deudas…

Y perdónanos nuestras deudas,
como también nosotros perdonamos a nuestros deudores.
—Mateo 6.12

En situaciones de violencia política, particularmente cuando se enfrentan las fuerzas del orden con grupos subversivos, usualmente se transgreden impunemente los derechos humanos de la población civil. Los secuestros, las detenciones arbitrarias, la desaparición forzada, los asesinatos múltiples, la tortura, las fosas comunes, entre otras malas prácticas, dan cuenta de esa lamentable realidad.

Pero también en democracia, cuando todo parece estar en orden, existen múltiples casos de violencia en contra de ciudadanos inocentes. La injusticia institucionalizada forma parte de una realidad en la que los ciudadanos indefensos, sin influencia política o económica, siempre están en desventaja y sufren las consecuencias de la corrupción, la coima, el abuso de poder y las malas prácticas de las autoridades judiciales, políticas, policiales y militares.

Esta situación de violencia política y de violencia institucionalizada ha puesto en la mesa de discusión de la agenda pública temas críticos y urgentes como la justicia, el perdón, la reconciliación, el perdón, la verdad, la impunidad y la paz. Dentro de esa realidad, tarde o temprano, los creyentes tienen que plantearse preguntas como las siguientes:

- ¿Puede darse reconciliación sin justicia?
- ¿El perdón está separado de la justicia y de una sanción ejemplar para los responsables de violar los derechos humanos?
- ¿Es posible el perdón sin conocer la verdad, sin confesión y arrepentimiento, y sin propósito de enmienda?

Y para responder estas preguntas, necesariamente, se debe considerar que en democracia se respetan los derechos humanos, se afirma la igualdad de oportunidades para todos y se apuesta por el bien común.

> **El perdón es necesario,** pedagógico y terapéutico, pero tiene que estar acompañado de la justicia y la reparación.

Las palabras del Padrenuestro: *perdónanos nuestras deudas, como también nosotros perdonamos a nuestros deudores* (Mt 6.12), exige también responder a estas situaciones de violencia, para que el perdón de las víctimas de la violencia y sus familiares sea sincero y transparente. Las víctimas de la violencia y sus familiares, para perdonar, necesitan conocer la verdad y esperan que la justicia se ejerza imparcialmente y sin impunidad para los culpables.

Para los creyentes debe estar claro que el perdón no está desconectado de la justicia y que la reconciliación no es posible cuando se oculta la verdad, no se sanciona a los culpables y la justicia se parcializa asociándose con la impunidad. El perdón es necesario, pedagógico y terapéutico, pero tiene que estar acompañado de la justicia y la reparación. Y para que el perdón sea posible, se requiere que el ofensor o victimario confiese su falta, se arrepienta de sus acciones y enmiende su vida.

1. Perdónanos nuestras deudas

Es importante darse cuenta de que el pasaje comienza con el reconocimiento de las faltas cometidas: "nuestras deudas". Se admiten los pecados cometidos. Se reconocen las faltas. Se acepta la responsabilidad. Se tiene conciencia del pecado y de los pecados cometidos y se afirma también que solamente Dios puede perdonar y restaurar las relaciones rotas: "perdónanos".

Aquí se debe tener en cuenta que, como seres humanos, cultivamos diversas relaciones humanas y no siempre actuamos responsablemente para cuidar esas relaciones. Para no quebrar irresponsablemente esas relaciones humanas, y considerando que formamos parte de una sociedad en la que se construyen cada día vínculos con diversas personas, tenemos que estar conscientes de que:

> Decir persona es decir un nudo de relaciones, de lazos, de alianzas que vuelven a los hombres responsables unos ante otros, realizándolos, frustrándolos, haciéndoles felices o infelices (Boff 1986: 115).

Cuando en nuestra oración personal clamamos "perdónanos nuestras deudas", tenemos que estar advertidos de que pedir perdón, con honestidad, exige confesión y arrepentimiento. Exige también reparar el daño causado o provocado, así como repensar y redefinir nuestra práctica de vida. Todo esto es necesario porque, cuando pedimos perdón y esperamos que nos perdonen, tejemos nuevas relaciones y reconfiguramos nuestro peregrinaje humano. En suma, este pedido ("perdónanos nuestras deudas") "presupone que, al orar, nos situamos en el ámbito del perdón divino y estamos dispuestos a permanecer en él al relacionarnos con los semejantes" (Cullmann 1999:105).

Precisamente, porque la práctica del perdón exige que el ofensor y el ofendido, la víctima (o sus familiares) y el victimario, se comuniquen y dialoguen, se debe comprender que el perdón no se da en forma automática, se impone arbitrariamente o se resume en un documento oficial. Esto es así, tiene que ser así, porque "hay que entender bien la misericordia y el perdón. Ante todo, no son automáticos y mecánicos; presuponen una relación entre el ofendido y el ofensor" (Boff 1986: 122). Se trata, entonces, además de una relación vertical (Dios y el ser humano), de una relación horizontal en la que la honestidad, la sinceridad y la transparencia son requisitos irrenunciables. ¿Por qué? Porque el pecado "tiene necesariamente una dimensión social o, más exactamente, horizontal, y no solamente vertical" (Hamman 1967: 130).

- ► ¿Reconocemos nuestras faltas o deudas, las confesamos y nos arrepentimos de ellas, o las esquivamos y disfrazamos con un lenguaje religioso?
- ► ¿Les echamos la culpa a los demás o transferimos nuestras culpas a otros?
- ► ¿Quién es Dios para nosotros? ¿Le pedimos que perdone nuestras faltas? ¿Acudimos a Él para encontrar paz y justicia en sus brazos?
- ► ¿Qué prácticas humanas dan cuenta de la realidad del pecado personal y qué prácticas humanas evidencian la realidad del pecado social?
- ► ¿Cómo eluden a menudo sus faltas los transgresores de los derechos humanos, los que agreden y asesinan a mujeres indefensas, los violadores y los jueces y fiscales que no cumplen con su responsabilidad de administrar imparcialmente la justicia?
- ► ¿Qué significa que el perdón tiene una dimensión vertical y una dimensión horizontal?
- ► ¿Por qué razones debemos estar en paz con todas las personas y por qué siempre debemos actuar con justicia en todos los ámbitos de la vida?

2. Como también perdonamos

Si el pecado tiene una dimensión personal y social, y el perdón una dimensión vertical y una dimensión horizontal, esto demanda tener en cuenta dos condiciones ineludibles. La primera de ellas, como se señaló en la sección anterior, es el reconocimiento de la falta cometida o de la deuda que debe ser saldada. La segunda se relaciona, ya no con la confesión de la falta cometida, sino con la exigencia de una práctica personal de perdón; es decir, la persona que pide perdón, para ser coherente consigo mismo y con los demás, tiene que acompañar a su pedido de perdón una práctica de perdón. En otras palabras: "No tiene derecho de pedir perdón a Dios quien no quiere otorgar el perdón a sus hermanos" (Boff 1986: 124).

Afirmar "Perdónanos [...] como también nosotros perdonamos a nuestros deudores", es reconocer la mutualidad del perdón y su dimensión comunitaria. Si el pecado rompe las relaciones de hermandad y de fraternidad humana, la práctica del perdón restaura las relaciones rotas y reconstruye lo que el pecado ha destruido. Ésta es la razón por la que se subraya que:

> El pan de la vida comunitaria es el perdón y la misericordia mutua; sin él no se restablecen los lazos rotos. El perdón de Dios restaura la comunión vertical; el perdón a quienes nos han ofendido repara la comunión horizontal (Boff 1986: 124–125).

Además, como se señala acertadamente, la práctica del perdón:

> … no significa que al perdonar a otros ganamos el derecho a ser perdonados. Es más bien que Dios perdona sólo al penitente y que una de las pruebas principales de verdadera penitencia es un espíritu de perdón. Una vez que nuestros ojos han sido abiertos para ver la enormidad de nuestra ofensa contra Dios, las injurias que otros nos han hecho parecen en comparación extremadamente fútiles (Stott 1984: 169).

El acto de perdonar tiene que ser, entonces, una práctica de vida cotidiana, libre, voluntaria, sincera. Perdonar presupone reflexión, voluntad y decisión. Perdonar exige amarse a sí mismo y amar desinteresadamente al prójimo, incluso a quien nos ha hecho

> **Si el pecado rompe las relaciones** de hermandad y de fraternidad humana, la práctica del perdón restaura las relaciones rotas y reconstruye lo que el pecado ha destruido.

daño y quien ha transgredido nuestros derechos. Lo que tiene que estar claro para todos nosotros, tanto para ofendidos como para ofensores, para víctimas y victimarios, es lo siguiente: "Allí donde falta la disposición para perdonar, el pedir el perdón de Dios es una mentira" (Jeremías 2009: 236–237).

Perdonar y esperar perdón no son, entonces, simples acciones humanas sin ninguna trascendencia, sin ningún efecto en las relaciones humanas, o meras convenciones sociales o formalidades pasajeras. Decir "como también nosotros perdonamos a nuestros deudores", es descubrirse frente a Dios, sincerarse delante de Aquel que nos ha dado la vida y nos mantiene con vida.

En consecuencia, cuando pedimos perdón y cuando perdonamos, cuando disponemos nuestra vida, toda nuestra vida, para dar y recibir perdón:

> [n]os hallamos, pues, en presencia de un tema esencial del evangelio. La remisión de los pecados caracteriza, conforme a la profecía, el orden nuevo que rige las relaciones entre Dios y el hombre; ella inaugura la nueva justicia y afirma la irrupción del señorío de Dios. Es el signo de la transformación y como el advenimiento de la nueva creación (Hamman 1967: 129).

¿Quién no comete pecado? ¿Quiénes no tienen faltas que reconocer, aceptar y confesar? ¿Cuántos de nosotros tenemos necesidad de arrepentirnos y de enmendar nuestras vidas? No se trata sólo de un problema que afecta a los no creyentes. Los discípulos de Jesús, como se reconoce implícitamente en el Padrenuestro, también tenemos deudas que saldar, faltas que reconocer, pecados que confesar. En tal sentido:

> Los discípulos de Jesús saben que están implicados en la culpa y en el pecado. Y saben que únicamente la absolución de Dios, el mayor de sus dones, puede salvarlos. Imploran ese don no sólo para el momento del juicio final, sino ya para ahora, para aquí y para hoy (Jeremías 2009: 236).

Aquí y para hoy, sin perder de vista la esperanza del cielo prometido, tenemos la responsabilidad de tejer responsablemente mejores relaciones humanas. Y, para que esto sea posible, se tiene que romper con toda práctica de violencia, con toda hipocresía en las relaciones humanas, con todo egoísmo que conduce a devaluar la vida y la dignidad del prójimo, con todo pecado personal y pecado social.

- ¿Perdonamos a quienes nos maltratan, insultan y desprecian con sus palabras y acciones?
- ¿Perdonamos sinceramente a todas las personas que nos ofenden, o somos selectivos, parciales y superficiales en nuestra practica de perdón?

> **El perdón exige como condiciones** mínimas, una confesión de la falta, un arrepentimiento sincero, un propósito de enmienda o de corrección, y una restitución o reparación del daño ocasionado.

El perdón exige como condiciones mínimas, una confesión de la falta, un arrepentimiento sincero, un propósito de enmienda o de corrección, y una restitución o reparación del daño ocasionado. El perdón sincero, nacido de un corazón limpio, no solamente sana a las personas afectadas, sino restaura completamente las relaciones rotas. El perdón transforma completamente a las personas, familias y sociedades. El perdón es necesario, vital, para estar en paz con Dios, con el prójimo y con nosotros mismos.

- ¿Qué se espera, entonces, de la persona que anhela ser perdonada y de la persona que perdona al ofensor?
- ¿En nuestra familia y en nuestra congregación el perdón es una práctica frecuente?
- ¿Cuesta mucho perdonar a quien nos ha dañado?
- ¿Qué exige el perdón de nosotros?
- ¿Estamos siempre dispuestos a perdonar o nos resulta difícil perdonar a quien nos ha dañado?
- ¿Cómo sería nuestra vida si fuésemos personas incapaces de perdonar y reacios a ser perdonados?

Líbranos del mal

Y no nos metas en tentación,
mas líbranos del mal.
—Mateo 6.13

La realidad de la condición humana, orientada a quebrantar los mandamientos de Dios y a la desobediencia a su voluntad, nos advierte de nuestra fragilidad, debilidad e inclinación al pecado. Ésta es la razón por la cual los discípulos de Jesús, conociendo su condición de seres humanos redimidos por la gracia de Dios, nunca deben olvidar que son también seres humanos caídos, necesitados del cuidado y de la protección de Dios. A la luz de esa realidad, la condición humana, se puede comprender mejor el consejo pastoral del apóstol Pablo a Timoteo: *Ten cuidado de ti mismo* (1Ti 4.16).

La petición del Padrenuestro: "Y no nos metas en tentación, mas líbranos del mal", da cuenta de esa realidad. La realidad de la condición humana orientada a la práctica del mal, a la ruptura de relaciones con Dios y con el prójimo, a la búsqueda de la satisfacción de nuestras ambiciones, así implique atropellar al prójimo. Se puede afirmar entonces que esta petición:

> … dirigida al Padre presupone la amarga experiencia de que el hombre es un ser débil, propenso a la tentación de traicionar la esperanza, de ser infiel a Dios y de caer efectivamente en la tentación y así perderse. Para entender a fondo el sentido

> de esta súplica atormentada, necesitamos tomar conciencia de la *estructura de la condición humana* en la que puede instalarse la tentación y estallar la caída (Boff 1986: 129).

Se trata de una realidad que no se puede maquillar, eludir, desconocer o ningunear. A la luz de esta petición del Padrenuestro: "Un primer hecho es claro, y es que la tentación pertenece a la condición humana" (Hamman 1967: 133). La tarea y desafío, para todos los discípulos, además de reconocer esa realidad, es pararse firme —confiando en la gracia y la justicia de Dios— cuando la tentación intente acorralarnos, para no quebrantar nuestro compromiso con Dios y no agredir al prójimo que está a nuestro lado.

1. Las tentaciones

La tentación no es una suposición, una irrealidad o una especulación. Así algunos crean que se trata de un asunto que sólo les atañe a los incautos, a los religiosos o a los desprevenidos; para los creyentes, está claro que se trata de una realidad que afecta su vida y la vida de las personas que relacionan con él o con ella.

Aunque importa mucho discutir sobre el origen de la tentación o de las tentaciones, sea debido a nuestras debilidades y ambiciones o venga de parte del enemigo, no se puede negar que ésta o éstas existen, y conspiran contra la fidelidad del creyente y sus buenas relaciones con Dios y con el prójimo. La tentación o las tentaciones son una realidad:

> Venga la tentación de la flaqueza de la carne o de las seducciones demoníacas que el tentador inspira a los enemigos o produce él mismo, siempre es cierto que el fiel tiembla en la situación ambigua de su existencia, viviendo en este mundo sin pertenecer ya a él, sometido siempre a fuerzas adversas (Hamman 1967: 134).

En el Padrenuestro se reconoce la realidad innegable de la tentación: "Y no nos metas en tentación". Sin embargo, la pregunta sigue siendo: ¿Dios es quien nos tienta, nos empuja a la desobediencia a su voluntad, maneja nuestra vida paralizando nuestra voluntad? Desde mi punto de vista, las palabras del Padrenuestro se refieren más bien a pedirle al Señor que cuide de nosotros, cuando debido a nuestra inclinación al mal, estamos a punto de desobedecerle. En otras palabras: "A Dios le pedimos no que nos ahorre las tentaciones, sino que nos ampare en ellas" (Boff 1986: 133).

Jesús fue tentado, como lo atestiguan los evangelios sinópticos (Mt 4.1–11; Mr 1.12–13; Lc 4.1–13); sin embargo, resistió a las tentaciones y, finalmente, con la Palabra de Dios venció la provocación y las propuestas del Diablo. No cedió en ningún momento. Jamás capituló. Por esa razón, como se afirma en la carta a los hebreos: *...en cuanto él mismo padeció siendo tentado, es poderoso para socorrer a los que son tentados*" (Hch 2.18). Cuando la tentación intente quebrarnos, destruirnos, jamás tenemos que perder la fe y la paciencia:

> Porque no tenemos un sumo sacerdote que no pueda compadecerse de nuestras debilidades, sino uno que fue tentado en todo según nuestra semejanza, pero sin pecado (*Hch 4.15*).

Queda claro, entonces, que "La grandeza de Jesús no está en no tener tentaciones, sino en poder superarlas todas" (Boff 1986: 139). Él es nuestro modelo y nuestra esperanza. Él es la roca firme en la que tenemos apoyo, fortaleza y alegría, incluso cuando nos encontramos luchando con la tentación. Él siempre estará con nosotros.

Es cierto que no podemos ignorar ni subestimar la realidad de la tentación. Pero también es cierto que podemos vencerla, resistiendo a ella, con la firmeza y confianza que tenemos en Dios, quien cuida de nosotros:

> Sed sobrios, y velad; porque vuestro adversario el diablo, como león rugiente, anda alrededor buscando a quien devorar; al cual resistid firmes en la fe, sabiendo que los

mismos padecimientos se van cumpliendo en vuestros hermanos en todo el mundo (*1P 5.8-9*).

Cuando la tentación arremeta contra nosotros, con firmeza y confianza en Dios, podemos hacer nuestras las palabras de Santiago en su carta: *Someteos, pues, a Dios; resistid al diablo, y huirá de vosotros* (Stg 4.7). Frente a la tentación, ¡resistid!

- ¿En qué momentos o circunstancias podemos ser tentados?
- ¿Cómo puede presentarse la tentación para quienes tienen una responsabilidad política, religiosa, pública de alto nivel?
- ¿De qué situaciones y de qué relaciones deberíamos tener cuidado para no pecar o desobedecer los mandamientos del Señor?
- ¿Qué hablamos, pensamos o hacemos cuando estamos solos o acompañados de creyentes y no creyentes?
- ¿A quién deberíamos recurrir cuando somos tentados? ¿Por qué?
- ¿Qué puede ocurrir cuando pensamos que somos suficientemente fuertes, maduros y hábiles para enfrentar las tentaciones?
- ¿Cómo nos ayudan la lectura de la Palabra de Dios, la oración y el ayuno para vencer a la tentación?

2. Líbranos del mal

¿El Diablo es un ser personal o una estructura de maldad? ¿Tiene personalidad o es una fuerza impersonal? La discusión para responder estas preguntas continúa todavía entre los exégetas. Aparte de determinar si en el Padrenuestro se hace referencia al *mal* o al *maligno*, la discusión se centra en la figura del Diablo. Para unos es simplemente una estructura del mal o un poder que induce al mal. Para otros (como es mi caso) se trata de un ser —una persona espiritual— que actúa, directa e indirectamente, para inducir a las creyentes al mal y la desobediencia.

Por ejemplo, se afirma lo siguiente con respecto al Diablo: "Llamo *diablo* (Satanás,) con los sinópticos y con el nuevo testamento, al poder tentador del mal" (Cullmann 1999: 109, nota al pie 164). De manera más directa, se sostiene que:

> El Maligno sería sencillamente la organización de la injusticia, del apartamiento del hombre respecto a su vocación esencial, de la aberración que ha ido estratificándose históricamente y que siempre se opone y se opondrá al espíritu de Dios, de la bondad, en una palabra, a las realidades del reino (Boff 1986: 150–151).

Teniendo en cuenta éstas y otras opiniones sobre la naturaleza del Diablo, para mí está claro que no se trata de una fuerza o de un simple poder impersonal, sino de un ser personal espiritual, cuyo interés primario es quebrar las buenas relaciones que los creyentes tienen con Dios y con el prójimo, para alejarlo así del propósito de Dios: vida, justicia, paz, reconciliación, perdón, alegría, bondad, entre otros principios del reino de Dios. La "misión" que tiene es tentar, inducir, provocar, con el propósito de que las personas actúen en contra de la voluntad del Dios y violenten al prójimo. Con ese fin, puede instrumentar las distintas estructuras de poder que existen en las sociedades humanas, para oponerse al propósito liberador de Dios, y tener operadores humanos que actúen para favorecer sus intereses orientados a la práctica del mal y al establecimiento de la injusticia en todos los campos de la vida humana. El pecado personal y el pecado social son dos de las armas que el Diablo tiene a su favor para cumplir con su "misión" de oponerse al reinado de Dios y de destruir la vida humana.

A la luz de la discusión precedente acerca de las palabras del Padrenuestro: "líbranos del mal", se puede afirmar que, con estas palabras, que son un grito de auxilio del creyente, consciente de la realidad del mal: "Pedimos a Dios [...] no tener que habérnoslas con el diablo" (Cullmann 1999: 112). Estas palabras del Padrenuestro expresan, entonces, la conciencia que se tiene de la realidad del mal, y por esa razón, son:

> … un grito desde lo más profundo de la indigencia, una llamada de socorro que resuena largamente desde la boca del orante que clama angustiado: *¡Padre! Escucha al menos esta oración: guárdanos de extraviarnos de ti* […] (Jeremías 2005: 234).

Esta sección del Padrenuestro nos advierte, entonces, que "El mal no consiste en tener tentaciones, sino en secundarlas. A Dios le pedimos no que nos ahorre las tentaciones, sino que nos ampare en ellas" (Boff 1986: 133). Y sabemos que Dios, como padre justo y amoroso, escuchará este clamor y nos guardará en todo tiempo porque Él es nuestro refugio, nuestro ayudador, nuestra fortaleza y nuestro defensor. ¡Alabado sea Dios, Dios de la Vida, Dios de Justicia!

- ¿Cuáles son los problemas más frecuentes que tienen los seres humanos?
- ¿Cómo actuamos cuando estos problemas amenazan con destruir nuestra vida, nuestra familia y nuestras relaciones?
- ¿Por qué tenemos que pedirle al Señor que nos libre del mal? ¿Qué estamos reconociendo con este grito de auxilio?
- ¿Cómo nos ayuda el Señor cuando estamos en peligro o cuando somos tentados?
- ¿Cuántas veces y en qué momento el Señor nos ha librado del mal en todos estos años?
- ¿De qué tenemos que agradecerle a él cada día?
- ¿Puede usted compartir brevemente cómo el Señor lo ha librado del mal en las últimas semanas?

El Señor cuida de nosotros. Siempre nos protege. En todo tiempo nos libra del mal. Cada día se preocupa por nosotros en todas las circunstancias en las que nos encontramos; tiene misericordia de nuestra familia y nos sostiene en sus brazos de amor. ¡Él Siempre nos amparará, jamás nos dejará solos, estará a nuestro lado en todo tiempo!

Tuyo es el reino

Un examen crítico de la realidad de nuestros países indicaría que buena parte de los políticos latinoamericanos, corruptos e ineficientes, improvisados o con experiencia, creen que el poder que tienen por ser congresistas, ministros o presidentes, les pertenece a ellos y que ellos —por sí mismos y con su pericia y experiencia humana— pueden controlar el tiempo de su permanencia en la vida pública. Esto explica por qué, tejiendo alianzas con empresarios, militares y religiosos acostumbrados a usufructuar del poder, buscan entornillarse en las estructuras de poder con el apoyo entusiasta de una red de operadores que también tienen sus propios intereses.

Considerando esta realidad que da cuenta de la condición humana, orientada al mal y que busca su propia satisfacción, uno puede preguntarse, entonces:

- ¿Quién tiene el poder último en la historia?
- ¿Quién, finalmente, pone y quita, gobernantes?
- ¿Los políticos, los empresarios, los religiosos, los militares y policías?

La doxología final del Padrenuestro: *porque tuyo es el reino, y el poder, y la gloria, por todos los siglos"* (Mt 6.13), claramente y sin dubitaciones, afirma que el poder último lo tiene Dios. Él, solamente Él, tiene la última palabra en la historia. En consecuencia, todos los reinos humanos, cualesquiera sean su naturaleza y sus objetivos políticos e ideológicos, son transitorios, limitados, efímeros.

En cuanto a la doxología final del Padrenuestro, cabe una precisión que me parece valiosa para una mejor comprensión de su contenido y de su alcance teológico:

> La doxología [...] falta siempre en Lucas y en los manuscritos más antiguos del evangelio de Mateo. La encontramos por primera vez en la *Didajé*. Pero sería totalmente erróneo sacar la conclusión de que el padrenuestro se haya rezado alguna vez sin una alabanza final a Dios. Una oración que terminase con la palabra "tentación", es totalmente impensable dentro del ámbito palestiniano [...] Sepamos que en el judaísmo era usual finalizar numerosas oraciones con un "sello", con una alabanza de fórmula libre para el que oraba. Tal fue también, sin duda alguna, la intención de Jesús respecto al padrenuestro; y así lo practicó la comunidad cristiana en sus primeros tiempos: el padrenuestro se terminaba con un "sello"; es decir, con una doxología de formulación libre por parte del que rezaba (Jeremías 2005: 243–235).

> **... el poder último lo tiene Dios. Él, solamente Él, tiene la última palabra en la historia.**

Y es importante señalar también que:

> Cierto número de manuscritos traen después del padrenuestro una doxología que no es ciertamente auténtica. El testimonio más antiguo proviene de la *Didakhé* (8,2), [donde] termina el padrenuestro [así]: "[p]orque tuyo es el poder y la gloria en los siglos". El amén no se encuentra en ella, pero está atestiguado por Taciano: "[p]orque tuyo es el reino, él poder y la gloria en la eternidad. Amén" (Hamman 1967:13).

1. Reino y poder

La sección final del Padrenuestro, la doxología, afirma: "tuyo es el reino, y el poder". La referencia es a Dios, quien gobierna su mundo, su creación, y tiene poder sobre todo lo que existe. Él es el único Rey soberano del mundo creado y todo el poder le pertenece solamente a Él. En tal sentido, los seres humanos y, entre ellos los que tienen poder político, económico o militar, son solamente administradores del mundo creado por Dios y de los recursos naturales que son propiedad de Dios.

A los seres humanos que tienen poder político, económico o militar, les corresponde administrar con justicia el mundo de Dios, sin abusar del poder temporal que tienen, y sin olvidar que un día darán cuenta de la forma como ejercieron el poder temporal que se les confió en cierto momento.

La realidad del mal y la acción perversa que ejerce sobre los seres humanos no indica ni implica que actúe independientemente del designio divino. El poder y el control de todo lo que existe, tanto en el cielo como en la tierra, le pertenecen a Dios y Él no comparte lo que le pertenece solamente a Él. A la luz de la doxología, se puede afirmar que:

> … **los seres humanos** y, entre ellos los que tienen poder político, económico o militar, son solamente administradores del mundo creado por Dios y de los recursos naturales que son propiedad de Dios.

> *Teológicamente*, la doxología ejerce en el *conjunto* del padrenuestro la función de respuesta litúrgica a las tres primeras peticiones, cerrando así el círculo armoniosamente. Expresa la confianza en la escucha de las peticiones iniciales, que son las básicas. Al figurar inmediatamente después de la petición *"líbranos del diablo", puede concebirse además como recordatorio de la* omnipotencia de Dios sobre el Malo, todavía no aniquilado, pero ya vencido (Cullmann 1999: 121).

La doxología calza, entonces, con la oración del apóstol Pablo registrada en la primera carta a su dilecto discípulo Timoteo: "Por tanto, al Rey de los siglos, inmortal, invisible, al único y sabio Dios, sea honor y gloria por los siglos de los siglos [...]" (1Ti 1.17). Así es, porque sólo a Él le pertenece el reino y el poder, y a nadie más, así se jacten de ello los poderosos de este mundo.

► ¿Qué poder tienen los políticos, los militares, los empresarios y los religiosos, acostumbrados a ejercer despóticamente la autoridad que poseen? ¿Un poder irrestricto, total, para siempre? ¿O un poder temporal, relativo, finito?

► ¿Los gobernantes humanos vivirán para siempre o son, como todos los seres humanos, temporales y transitorios?

► ¿De qué deben tener conciencia las autoridades políticas cuando llegan al poder y cuando buscan quedarse ahí sin respetar las leyes y la voluntad de los electores?

► ¿Por qué muchas veces las autoridades abusan del poder que tienen maltratando a los pobres y ninguneando a los sectores sociales indefensos como los niños abandonados o huérfanos, las mujeres que sufren violencia, las madres solteras y los pueblos originarios?

► ¿Dios estará contento con los políticos corruptos y justificará las acciones injustas de los gobernantes humanos y de los funcionarios públicos?

2. Poder temporal y poder último

De la discusión precedente ha quedado claro que el poder último, eterno, absoluto, universal, lo tiene únicamente Dios. En consecuencia, los gobernantes humanos sólo tienen poder temporal, aunque en ocasiones presuman de tener un poder ilimitado y sin fecha de caducidad. La pretensión de quienes tienen poder en este mundo, ha sido siempre ésa, creer que tienen la palabra final en todo, y para ese propósito, se rodean de un séquito de aduladores y operadores políticos y religiosos, que alimentan su ego y sus poses casi divinas.

El poder temporal es real, pero es transitorio, y tiene límites precisos. Las democracias se fundamentan en el equilibrio de poder, la búsqueda del bien común, la igualdad de oportunidades y la justicia para todos, la defensa del Estado de derecho y el respeto del imperio de la ley, la alternancia en el poder y el juego limpio en la política. Sin embargo, como ha ocurrido y ocurre, además de dictaduras civiles y militares, no se puede negar la realidad de la injusticia institucionalizada, así como la impunidad y otras prácticas antidemocráticas. En otras palabras, ciertamente el poder temporal es real, pero tiene las marcas de la caída y de la condición humana orientada a la práctica del mal y al ejercicio autoritario del poder delegado o conferido.

La buena noticia para todos, bajo el paraguas de la doxología del Padrenuestro, es que el poder último lo posee Dios y sólo Él tiene la palabra final en la historia. Y, por esta razón, con confianza y alegría, junto con el Padrenuestro podemos afirmar al unísono con todo el mundo creado: "tuyo es el reino, y el poder, y la gloria, por todos los siglos. Amén".

> **Dios no ha abdicado de su poder.** Él sigue gobernando el mundo que ha creado. La justicia y la verdad son dos de los pilares fundamentales de su reino.

- ► ¿Qué significa que Dios gobierna su mundo desde siempre y para siempre?

- ► ¿De qué deben tener cuidado los gobernantes humanos que presumen de invencibles y que piensan que su gobierno durará para siempre?

- ► ¿Qué mensaje permanente, irrenunciable, tienen que darles los creyentes a los dictadores, a los funcionarios públicos corruptos, y a los políticos y religiosos autoritarios?

Dios no ha abdicado de su poder. Él sigue gobernando el mundo que ha creado. La justicia y la verdad son dos de los pilares fundamentales de su reino, a diferencia de la injusticia y la mentira que caracteriza a buena parte de los gobiernos humanos que actúan impunemente pensando que tienen un poder ilimitado. ¡A Dios sea la gloria!

Modelos
de oración liberadora

El Magnificat

La oración liberadora de María de Galilea

1. Introducción

La oración liberadora de una campesina galilea, María de Nazaret (Lc 1.26), según la redacción lucana, forma parte del llamado evangelio de la infancia (Lc 1–2)[5]. Ésta es una sección del evangelio según Lucas que sólo se encuentra en este documento del Nuevo Testamento y que tiene una textura y alcances teológicos relacionados con la misión liberadora del Mesías, Jesús de Nazaret.

Un dato clave que Lucas registra es el sorprendente e inesperado mensaje que un ángel le comunicó a un grupo de pastores en las montañas de Judea: *No temáis; porque he aquí os doy nuevas de gran gozo* (euggelizomaia)*, que será para todo el pueblo* (laós) (Lc 2.10). Mensaje que resume el tema central que subyace en los anuncios y cánticos que se entretejen en el evangelio de la infancia y en todo el

---

[5] Así se conoce a esta sección del evangelio de Lucas (Rigaux 1973; Escudero 1978). Todo el contenido de esta sección es exclusivamente lucano. Los otros evangelios sinópticos (Marcos y Mateo) no registran esta parte de la historia de Jesús. Estos capítulos son el telón de fondo sobre el cual se hilvana la misión liberadora de Jesús.

evangelio de Lucas: ¡Ha comenzado el tiempo crucial de Dios! ¡Su promesa se ha cumplido! Su misión liberadora ya está en marcha en el seno de la historia.

Finalmente, había llegado el tiempo crucial prometido por los profetas del Antiguo Testamento. Dios estaba dando cumplimiento a sus promesas. El anuncio del nacimiento del precursor del Mesías y del mismo Mesías constituían señales claras de que el *kairos* de Dios, su tiempo crucial y oportuno, había llegado.

De acuerdo con Lucas, los primeros destinatarios y los primeros comunicadores de esa buena noticia de liberación, una realidad anhelada y evocada por las personas piadosas de Israel como María o Ana, fueron personas del pueblo (*laós*), gente marginada y excluida, según los patrones sociales y culturales del primer siglo.

Los actores humanos mencionados en Lucas 1–2, además de compartir su condición de marginados y excluidos en la sociedad judía del primer siglo, formaban parte del sector del pueblo judío piadoso que esperaba con creciente expectativa al Mesías prometido. Ellos compartían una piedad común y, según el testimonio lucano, esperaban que Dios irrumpiera en la historia para liberarlos de la situación de opresión en la que se encontraban. En otras palabras:

> … toda la atmósfera de los relatos de la infancia presenta los orígenes de Jesús enraizados en las esperanzas de Israel. Zacarías, Isabel, María, José, Simeón, Ana, los pastores constituyen una galería de personajes del Antiguo Testamento, que sentían vivamente el anhelo del pueblo de Dios por alcanzar salvación (Senior 1985: 355).

Tres de las protagonistas centrales de las historias que registran en Lucas 1–2 son una anciana estéril (Elisabet), una joven campesina (María) y una anciana viuda (Ana). Estas tres mujeres, con distintas palabras y en distintos momentos, manifiestan su confianza en la pronta intervención de Dios para revertir el destino de su pueblo. Las tres reconocieron que el *kairos* de Dios había llegado.

Elisabet, la anciana estéril, luego de quedar embarazada, expresó con estas palabras su confianza en el Dios liberador: "Así ha hecho conmigo el Señor en los días en que se dignó quitar mi afrenta entre los hombres" (Lc 1.25). Y meses después, cuando se encontró con su pariente María, confesó: *Bendita tú entre las mujeres, y bendito el fruto de tu vientre. ¿Por qué se me concede esto a mí, que la madre de mi Señor venga a mí?* (Lc 1.42–43).

María, la campesina galilea, por su parte, siguiendo el mismo surco de confianza en el Dios liberador, manifestó: *Engrandece mi alma al Señor; y mi espíritu se regocija en Dios mi Salvador* (Lc 1.46–47).

Además de Elisabet y de María, según Lucas, Ana, la anciana viuda, cuando reconoció al Mesías mientras servía en el templo de Jerusalén con ayunos y oraciones, *hablaba del niño a todos los que esperaban la redención en Jerusalén* (Lc 2.38).

El testimonio de estas tres mujeres, marginadas y excluidas en el mundo patriarcal del primer siglo, subraya que está presente, desde el comienzo del tercer evangelio, uno de los temas favoritos y centrales de Lucas. En su evangelio, las mujeres tienen voz propia, son protagonistas centrales en la historia de Jesús, antes que simples personajes de relleno. Lucas enfatiza que las mujeres seguían a Jesús (Lc 8.2–3), fueron escuchadas, valoradas y defendidas por Él (Lc 7.36–50; 8.40–56; 10.38–42; 13.10–17; 21.1–4), estuvieron al pie de la cruz (Lc 23.49, 55) y fueron las primeras que vieron a Jesús resucitado (Lc 24.1–10). De esa manera, se acentúa claramente, con historias como las de las mujeres, la inversión social y política que el Mesías prometido traía consigo. Los anuncios de nacimientos extraordinarios y los cantos mesiánicos que Lucas registra en los dos primeros capítulos de su evangelio, puntualizan esa realidad.

2. El canto de María

2.1. El trasfondo histórico-teológico

Los anuncios de los nacimientos del heraldo del Mesías y del Mesías mismo constituían señales innegables y claras del advenimiento de un nuevo momento en la historia de la salvación (Lc 1.5–37).

Había llegado el *kairos* de Dios. El tiempo de liberación anhelado y evocado había comenzado. Se entiende, entonces, por qué se afirma que la "encarnación es el *kairos*, el momento decisivo, la esencial intervención de Dios en la historia" (Daniélou 1969: 18). Los cánticos mesiánicos, entre ellos, el *Magnificat* o el *Canto de María*, confirman esa realidad. Acierta, entonces, David Bosch, cuando expresa que:

> … el Magnificat de María (Lc 1.46–55), el canto de Zacarías (Lc 1.68–79) y las palabras de Simeón (2.29–32), contienen una variedad de referencias a la liberación de Israel (Bosch 2000: 142).

Teniendo como fundamento esta clave teológica, las expectativas mesiánicas asociadas al tiempo de liberación prometido por Dios, examinaremos el cántico de liberación de María, la campesina galilea, más conocido como el *Magnificat*, registrado en Lucas 1.46–55. ¿Qué se afirma en este cántico de liberación integral?

El cántico de liberación integral de María, el *Magnificat*[6], ha sido uno de los pasajes lucanos más discutidos en los últimos años. Particularmente, con respecto a las fuentes escritas y orales a las que Lucas pudo haber tenido acceso, así como a las fuentes litúrgicas sobre las cuales pudo haberse apoyado María para expresar este cántico de liberación integral. Así, discutiendo sobre las fuentes orales, escritas o litúrgicas, sobre las que se supone descansa el canto de María, un equipo de estudio conformado por eruditos católicos y luteranos, precisa lo siguiente en un libro sobre María:

> El equipo no aceptaba la tesis de que los himnos fuesen de origen no cristiano, por ejemplo, que el Magnificat hubiera sido un himno sobre Juan el Bautista (en asociación a la lectura: *E Isabel dijo*, de 1.45), o que tanto el Magnificat como

---

6   El título de este cántico procede de las palabras iniciales de la versión latina o Vulgata de Lucas 1.46: *Magnificat ánima mea Dominum* (*Engrandece mi alma al Señor*).

el Benedictus fueran himnos judíos, más especialmente, himnos guerreros macabeos (Brown, Donfried, Fitzmyer, Reumann 1994: 140).

En relación con este asunto, se enfatiza, además, que:

> No es importante [...] saber la clase de fuente literaria sobre la que se apoya Lucas, ni la clase de fuente litúrgica sobre la cual pudo haberse apoyado María. En este testimonio del evangelio se nos dice que aquel cuyo nacimiento se nos anuncia va a ser agente de cambio social radical. Las preocupaciones de aquellos que esperan la consolación *de Israel*, que él hará suyas, no son cúlticas ni doctrinales y, por lo tanto, tampoco son en sentido estricto, preocupaciones *religiosas*: él viene a quebrar la esclavitud de su pueblo (Yoder 1985: 27–28).

Hecha esta precisión necesaria, y siguiendo la propuesta de Yoder acerca del contenido concreto del *Magníficat*, examinaremos la propuesta teológico-política que subyace en él y que sintoniza claramente con la misión liberadora de Jesús que se subraya a lo largo del evangelio de Lucas.

2.2. La estructura del Magnificat

La estructura del *Magníficat*, desde mi punto de vista, tiene dos secciones o momentos claramente distinguibles, que pueden identificarse cuando se lee atentamente el pasaje:

a)   La oración de María (Lc 1.46–50).
b)   La acción liberadora de Dios en la historia (Lc 1.51–55).

No obstante, desde otro punto de vista o enfoque teológico, eruditos como René Kruger (1988: 77) y Carlos Escudero (1978: 191–1994) prefieren dividir el cántico de María en tres secciones. Sin embargo, sean dos o tres las secciones que moldean la estructura del *Magníficat*, eso no cambia en nada el contenido del canto.

René Kruger divide el canto de María de esta manera:

a) Alabanza de la acción de Dios en favor de María (Lc 1.46–50).

b) Proclamación de la acción de Dios en favor de los pobres (Lc 1.51–53).

c) Proclamación de la acción de Dios en favor de su siervo Israel (Lc 1.54–55).

Carlos Escudero, por su parte, divide el canto en estas secciones:

a) Actividad divina en favor de María (Lc 1.46–50).

b) Actividad divina en favor de los pobres (Lc 1.51, 53).

c) Actividad divina en favor de Israel (Lc 1.54–55).

Examinaremos, entonces, el canto de María, que, desde nuestro punto de vista, presenta dos secciones claramente diferenciadas, sin perder de vista la opinión de quienes tienen un enfoque distinto en cuanto a la estructura del canto.

2.3. El mensaje del Magnificat

¿Qué afirma María acerca de Dios y de su acción liberadora en la historia? Una de las razones de fondo para examinar con cuidado el mensaje del *Magnificat* es que se trata de una oración con clara textura liberadora, formulada por una mujer pobre, bastante joven, campesina y despreciada, oriunda de una insignificante aldea de la marginal provincia de Galilea. En otras palabras, desde una región ninguneada y expoliada, una campesina joven y pobre, proclama que el *kairos* de Dios, el tiempo de liberación prometido por los profetas del Antiguo Testamento, finalmente ha llegado. ¡La Vida vencerá a la muerte, proclama María!

2.3.1. La oración de María (Lc 1.46–50)

En la oración de María se destaca la nota de alabanza con la que comienza su canto y la afirmación de que Dios es su Señor (*Kyrios*) y Salvador (*Soter*), que la ha honrado al haberla escogido para ser la madre del Mesías: "Engrandece mi alma al Señor (*Kyrios*); y mi espíritu se regocija en Dios mi Salvador (*Soter*)..." (Lc 1.46–47).

Las palabras iniciales del *Magnificat*, debido a su extraordinaria similitud con el inicio de la oración de Ana ("Mi corazón se regocija en Jehová, mi poder se exalta en Jehová […] Por cuanto me alegré en tu salvación", 1S 2.1), madre del profeta Samuel, ha dado lugar a que un número respetable de eruditos expresen que el canto de María tiene como trasfondo la oración de Ana. Por ejemplo, se destaca que:

> La similitud con el Magnificat de María es evidente —y no es casual— ya que en las palabras del cántico de Ana se aprecia un espíritu profético que trasciende el nacimiento de Samuel y recala en Cristo, el futuro Rey Ungido, que será, y es, el Salvador del mundo (Park 2012: 17).

Y se precisa, además, lo siguiente:

> Podemos afirmar que el *Magnificat* tiene como punto de mira fundamentalmente el cántico de Ana (1S 2.1–10). De ese himno toma, a manera de armazón, los puntos fundamentales. Los Salmos aportan materia, no sólo en la línea del cántico de Ana, sino también para completar la estructura y la teología del *Magnificat* (Escudero 1978: 187).

Sin embargo, más allá de esta discusión y sin ignorar su importancia, lo cierto es que el comienzo del *Magnificat* tiene una importante sustancia o textura teológica. María, además de afirmar y reconocer que Dios es su *Kyrios* (Señor) y *Soter* (Salvador), se reconoce a sí misma como una sierva (*dóule*) al servicio de Dios (Lc 1.48), reiterando así lo que había afirmado en otro momento en presencia del ángel Gabriel: *He aquí la sierva (dóule) del Señor; hágase conmigo conforme a tu palabra* (Lc 1.38). Para nada aparece en el cántico ninguna insinuación que convierta a María en una persona libre de pecado y superior a cualquier otro ser humano, o un personaje que se diviniza a sí misma. María se refiere a Dios (*Theos*) como su Señor y Salvador y, por esa razón, se ve a sí misma como una sierva o una *dóule*.

María, en su autoimagen, en su autocomprensión, se considera una sierva obediente a la voluntad de Aquel que la ha comisionado para un papel protagónico en la historia del Mesías, en la historia de la salvación. Éstas fueron sus palabras:

> Porque ha mirado la bajeza de su sierva; pues he aquí, desde ahora me dirán bienaventurada todas las generaciones. Porque me ha hecho grandes cosas el Poderoso; Santo es su nombre, y su misericordia es de generación en generación a los que le temen (*Lc 1.48–50*).

Aflora así la condición de María como una insignificante, como un personaje emparentado con las personas piadosas de Israel, como una campesina que acepta y reconoce que Dios en su misericordia la ha escogido para ser la madre del Mesías y para ser una de las portavoces o voceras del *kairos* de Dios, del tiempo de liberación, del inicio de la era mesiánica anunciada por los profetas del Antiguo Testamento. Ella es testigo y protagonista privilegiada del comienzo de la irrupción del reino de vida del Dios de la Vida en la historia.

La confesión de María tiene, además, una impronta liberadora. Sus palabras dan cuenta de que el Dios de la Vida tiene una predilección especial por quienes se encuentran en la periferia de la historia, por las personas excluidas y marginadas como las mujeres, por aquellos que no tienen poder en el mundo. María subraya de esa manera que Dios tiene una amistad especial con los pobres de la tierra, como ella, una campesina galilea.

2.3.2. La acción liberadora de Dios en la historia

En cuanto a la acción liberadora de Dios en la historia, la sección del *Magnificat* sobre la que se ha centrado principalmente la atención de los eruditos y cuyo núcleo se encuentra en los versículos 51–53, existen varias interpretaciones.

Para Carlos Escudero, los "versículos 51–53 son una confirmación de la actividad histórico-salvífica de Dios" (Escudero 1978: 207). Para este autor, estos versículos "preludian y encierran en germen el *programa de Jesús* y el carácter específico de su actividad salvífica" (Escudero 1978: 211).

De acuerdo con Xabier Pikaza, la acción de Dios se explicita:

> ... por medio de tres versos construidos en esquema de paralelismo. El primero (1.51) nos sitúa en el plano de la inversión ideológica; el segundo (1.52) nos conduce a lo social; el tercero (1.53) está en nivel de economía (Pikaza 1985: 294).

René Kruger (1988: 77), por su parte, divide esta sección del *Magníficat* de la siguiente manera: Título o anunciación: juicio histórico (1.51), Acción de Dios contra los poderosos y los ricos (1.52–53), Acción de Dios a favor de los indigentes y los hambrientos (1.51–52).

Desde una mirada colectiva, algunos estudiosos católicos romanos y luteranos, cuando se refieren al *Magníficat*, sostienen que:

> En el núcleo del Magníficat contrastan la diversa suerte de los orgullosos/poderosos/ricos y de los humildes/hambrientos: los primeros son dispersados, derribados y despedidos hambrientos, mientras que los segundos son exaltados y saciados (1.51–53). En los tres evangelios sinópticos se dirige Jesús a los descastados; pero Lc pone especial énfasis en los *marginados*, los aplastados, pecadores, mujeres, viudas y samaritanos [...]. (Brown, Donfried, Fitzmyer y Reumann 1994: 141).

De esta sucinta revisión bibliográfica y, particularmente a la luz del propio texto bíblico, se puede afirmar que el *Magníficat* es un manifiesto revolucionario, radical, con claras connotaciones sociales (Lc 1.50–51), políticas (Lc 1.52) y económicas (Lc 1.53), tres temas claves que están presentes a lo largo del tercer evangelio y que se conectan con la misión liberadora de Jesús formulada en la plataforma mesiánica (Lc 4.16–20). Plataforma mesiánica que fue reiterada —con gestos concretos de liberación y con palabras acerca de su misión liberadora— en la respuesta que Jesús les dio a los mensajeros de Juan el Bautista (Lc 7.21–22). Una respuesta en la que se destaca también la afirmación de que los pobres (*ptojós*) serían los destinatarios privilegiados o preferidos de la buena noticia del reino de Dios (Lc 7.22).

Precisamente, relacionando Lucas 1.51–53, con la plataforma mesiánica de Jesús expuesta públicamente en la sinagoga de la oscura aldea de Nazaret, Carlos Escudero expresa lo siguiente sobre este asunto:

> Hay otra línea evangélica, íntimamente relacionada con esta sección del Magnificat (1.51–53) y con el programa de Jesús (4.18–19). Se trata de la predilección de Dios por la gente sencilla, por lo débil e impotente, en contraposición con los sabios y poderosos de este mundo (Escudero 1978: 212).

3. Las lecciones teológicas, misionales y pastorales

¿Qué afirma entonces María en su cántico de acción de gracias? Afirma que el Dios de la Vida, Dios en el cual ella ha depositado su esperanza, invierte la realidad tanto en su plano social y político como en el económico. En otras palabras, su liberación es integral, y ninguna dimensión de la vida y las relaciones lugares queda al margen de su acción transformadora.

María afirma, además, que el Dios de la Vida tiene predilección por los pobres y los marginados del mundo[7]. Afirma que la pirámide del poder será invertida radicalmente por la intervención poderosa de Dios para dar paso a la novedad de vida que el reino de Dios trae consigo. Esto puede explicar por qué un reconocido teólogo católico

---

[7] Comentando sobre Lucas 1.52, según Egido, Martín Lutero en su análisis del *Magnificat*, menciona que "los detritus del mundo, los pobres, los pequeños, los simples, los insignificantes, los despreciados, son los predilectos de Dios, como dice san Pablo (1Co 1.28)" (Egido 2001:198).

romano sostiene que el *Magnificat* "es uno de los textos de mayor contenido liberador y político del Nuevo Testamento" (Gutiérrez 1988: 317).

El canto de María invita, entonces, a confiar en el Dios que libera, Dios que, a diferencia de los poderosos, no abandona a los indefensos y tiene una especial preferencia por quienes están al margen de la historia y que no cuentan para casi nada o nada en la "historia oficial". Él, en su amor y justicia, interviene para revertir su destino y eclosionar esperanza que ilumina el presente y el futuro, y que transforma todas las relaciones.

> … **el Dios que libera** nos invita siempre a caminar en el surco que Él en su amor y justicia ha labrado para que seamos libres de todas las opresiones, libres para amar a Dios y libres para servir al prójimo.

La oración de María no es una oración despistada, a-histórica, desconectada del contexto, alienante o que secuestra a las personas de la realidad en la que viven. Es una oración asentada en la historia, enchufada con la realidad de pobreza y opresión, enraizada en la cotidianidad de las relaciones humanas, afincada en el mundo real. ¿No debería ser así también nuestra oración personal y comunitaria? Tendría que ser así, porque el Dios que libera nos invita siempre a caminar en el surco que Él en su amor y justicia ha labrado para que seamos libres de todas las opresiones, libres para amar a Dios y libres para servir al prójimo.

El poder de los excluidos

La oración liberadora
de la comunidad de discípulos

1. Introducción

Hechos de los Apóstoles tiene varias referencias a la oración (Hch 1.14; 2.42; 6.4; 10.4; 12.5). Este libro del Nuevo Testamento registra también varios momentos particulares de oración de la comunidad de discípulos y de discípulos en particular (1.24; 4.31; 8.15; 9.11, 40; 10.2, 9; 12.12; 13.3; 14.23; 22.36; 21.5; 28.8). Sin embargo, no examinaremos todas estas referencias a la oración, aunque todas tienen lecciones valiosas para la pastoral y la misión. Nuestro foco de estudio será la oración comunitaria registrada en Hechos 4.23–31. Interesa de manera especial esta oración, principalmente, por su impronta liberadora, que tiene conexión con el *Magnificat* de María y con la Oración del Señor.

La lectura y el análisis de esta oración comunitaria indican que se sitúa en una circunstancia crítica. Las autoridades judías, valiéndose de la intimidación, se habían propuesto frenar el avance misionero de la iglesia: "Y llamándolos, les intimaron que en ninguna manera hablasen ni enseñasen en el nombre de Jesús" (Hch 4.18). Una intimidación que no estaba restringida únicamente a Pedro y a Juan, sino que apuntaba a silenciar a toda la comunidad de discípulos, pretendiendo así, con las amenazas, destruir la naciente iglesia. En esas circunstancias, la oración de los discípulos no fue un ejercicio espiritual escapista, una práctica religiosa desconectada de la vida cotidiana, una expresión de resignación o una puerta de escape para evitar confrontarse con la realidad de la oposición de las fuerzas de la muerte.

> *… la oración de la comunidad de discípulos* no fue una forma de evadir la realidad ni una negación de ésta, sino una oración conectada con una situación misionera concreta.

La oración comunitaria de los discípulos estuvo profundamente enraizada en la realidad histórica en la que debían cumplir su misión. Esto explica por qué, reconociendo que existía un problema concreto que amenazaba el futuro inmediato de la iglesia y de su misión, le pidieron a Dios que les diera valor para continuar hablando y enseñando en el nombre de Jesús. Consecuentemente, la oración de la comunidad de discípulos no fue una forma de evadir la realidad ni una negación de ésta, sino una oración conectada con una situación misionera concreta en la que debían proclamar públicamente su fe en Jesús crucificado y resucitado. ¡Fue una oración liberadora!

2. Compañerismo cristiano en la adversidad

Pedro y Juan, luego de ser amenazados por las autoridades judías, luego de haber obtenido la libertad, antes que esconderse o autoexiliarse para proteger su vida, "volvieron al lugar donde estaban sus compañeros, los apóstoles, y otros creyentes" (Bruce 1998: 119). Cuando se encontraron con sus compañeros de milicia cristiana, según Lucas, les comunicaron la situación que debían enfrentar: *Y puestos en libertad, vinieron a los suyos y contaron todo lo que los principales sacerdotes y ancianos les habían dicho* (Hch 4.23). En otras palabras, no se quedaron callados, sino que buscaron el compañerismo y la solidaridad de la comunidad de discípulos; una acción que daba cuenta de que no estaban solos y que la amenaza del sanedrín judío los comprometía a todos. De esa manera, en una situación de adversidad y de peligro para el avance del testimonio de toda la comunidad de discípulos, se visibilizó la práctica de la comunión cristiana; se manifestó "la *koinonia* cristiana en acción" (Stott 2010: 111). Una acción que se expresó en su oración comunitaria: "Y ellos, habiéndolo oído, alzaron unánimes la voz a Dios, y dijeron […]" (Hch 4.24).

De eso se trata. Cuando el peligro arrecia y están en riesgo no sólo la libertad y la vida de los discípulos, sino también el testimonio comunitario —porque quienes tienen en sus manos el poder temporal creen tener el derecho de "controlar y manipular la información" (González 2000:111)—, la solidaridad cristiana en acción es la fuerza comunitaria que actúa como soporte para enfrentar la adversidad, las amenazas y el peligro de muerte. Los discípulos, no solamente Pedro y Juan, sabían que las fuerzas de la muerte, mediante la intimidación y las amenazas, además de silenciarlos, buscaban frenar y liquidar el anuncio público de la buena noticia de salvación. Fue en esas circunstancias cuando los discípulos, como una comunidad indoblegable, confrontaron a los operadores político-religiosos del sistema, con una oración colectiva en la que se comprometieron a no dejar que la intimidación y las amenazas silenciaran su testimonio público. En otras palabras, el "Sanedrín podía amenazar, pero las amenazas no producían intimidación y silencio, sino una creciente osadía al hablar" (Bruce 1998: 120).

Aunque el compañerismo y la solidaridad cristiana tienen que ser acciones cotidianas, cualquiera sea la realidad histórica en la que se encuentren los discípulos, sin embargo, la experiencia humana enseña que, en circunstancias sociales, políticas y religiosas críticas o límites, cuando está en peligro la libertad y la vida, no siempre todos los creyentes actúan como tales. Ocurre así porque las amenazas y el peligro de muerte, además de acobardar y paralizar toda acción solidaria, hace que las personas sólo piensen en sí mismas y en su familia inmediata, olvidándose del amor al prójimo indefenso, vulnerable y en peligro de muerte. La lección que nos deja el testimonio de la primera comunidad de discípulos es que el poder de los excluidos, además de descansar en la oración comunitaria, está en su capacidad de actuar solidariamente para confrontar a las fuerzas de la muerte y a sus eventuales operadores religiosos y políticos o político-religiosos.

3. Lectura teológico-política de la realidad

La oración de la comunidad de discípulos no fue un ejercicio religioso colectivo desconectado de la realidad histórica en la que se encontraban. Tampoco fue una evasión de la realidad o un secuestro ideológico. La oración comunitaria de los discípulos expresa que hicieron una lectura teológico-política de la realidad. Detrás de la intimidación y las amenazas de los operadores político-religiosos del sistema predominante, detectaron las fuerzas de la muerte que se aliaron para crucificar al Mesías:

> Se reunieron los reyes de la tierra, y los príncipes se juntaron en uno contra el Señor y contra su Cristo. Porque verdaderamente se unieron en esta ciudad contra tu santo Hijo Jesús, a quien ungiste, Herodes y Poncio Pilato, con los gentiles y el pueblo de Israel (*Hch 4.26–27*).

Para los discípulos, fue bastante claro que la crucifixión de Jesús, estuvo asociada a una alianza entre los intereses particulares de las autoridades políticas temporales (Herodes y Poncio Pilato) y los intereses político-religiosos de las autoridades judías (el pueblo de Israel). Aunque según su lectura teológica, más allá de los intereses humanos, estaba el propósito soberano de Dios:

> Soberano Señor, tú eres el Dios que hiciste el cielo y la tierra, el mar y todo lo que en ellos hay; que por boca de tu siervo David dijiste: ¿Por qué se amotinan las gentes, y los pueblos piensan cosas vanas? (Hch 4.24–25).

La soberanía de Dios como Señor de la Historia, como Dios que se revela en acciones visibles en el terreno de la historia, como Dios que no abdica de su poder y que no puede ser destronado por las alianzas político-religiosas que traman y urden los gobernantes temporales, aparece como nota clave de la lectura teológica-política de la comunidad de discípulos. En otras palabras:

> Así concebía la iglesia primitiva a Dios, el Dios de la creación,
> de la revelación y de la historia, cuyas acciones características
> se sintetizan en tres verbos "crear" (24), "decir" o hablar (25)
> y "determinar" o decidir (28) (Stott 2010: 111).

En una realidad de amenazas y de peligro de muerte, los discípulos, colectivamente, afirmaron en su oración que las autoridades temporales tienen solamente un poder conferido o delegado. Desde su perspectiva teológico-política, el poder último lo tiene únicamente Dios; los otros poderes son transitorios o efímeros. Confesaron, además, que el Dios de la Biblia es un Dios que se revela a los seres humanos y que actúa soberanamente en el terreno de la historia.

La lección permanente para los discípulos de todos los tiempos es que, cualquiera que fuere la realidad en la que las iglesias se encuentren, para que su misión y acción pastoral sean contextuales y relevantes, siempre será necesario tener una lectura teológico-política de los signos de los tiempos, es decir, del contexto histórico. Saber leer teológica y políticamente la realidad material, antes que hacernos despistados, ingenuos o convenidos, nos siempre será útil para que los creyentes, además de ejercer una ciudadanía responsable, nos comprometamos en acciones de justicia orientados al bien común.

4. Misión en medio de la adversidad y las amenazas

La intimidación y las amenazas, antes que frenar su compromiso misionero, hizo que los discípulos se afirmaran en su identidad cristiana: "Y ahora, Señor, mira sus amenazas, y concede a tus siervos que con todo denuedo hablen tu palabra" (Hch 4.29). Sabían que su compromiso y comisión como discípulos de Jesucristo era no dejar de decir lo que habían visto y oído (Hch 4.20). Ellos no podían obedecer el mandato del Sanedrín judío: ... *les intimaron que en ninguna manera hablasen ni enseñasen en el nombre de Jesús"* (Hch 4.18). La oración comunitaria de los discípulos fue, entonces, un eco de la respuesta valiente que Pedro y Juan habían dado a las autoridades judías: *Juzgad si es justo delante de Dios obedecer a vosotros antes que a Dios* (Hch 4.19).

La comunidad de discípulos —los apóstoles y los otros creyentes— no claudicó ni se amilanó. Para todos ellos, estaba claro que aquello que se encontraba en juego era, no solamente sus vidas, sino la continuidad de la misión colectiva que Jesús resucitado les había encomendado. Y, por esa razón, en su oración dijeron: ... *concede a tus siervos que con todo denuedo hablen tu palabra"* (Hch 4.29). Esto explica por qué en su oración comunitaria no le pidieron a Dios que les envíe un ejército poderoso de ángeles para que los proteja o para que extermine a sus opositores, sino valor para no quedarse en silencio y no ceder ante las amenazas, valor para no frenar su impulso misionero.

La oración comunitaria de los discípulos fue una oración de confianza en la que expresaron una absoluta dependencia en Dios. Y Dios escuchó su oración, respondiendo de una manera poco común y peculiar, porque cuando *hubieron orado, el lugar en el que estaban congregados tembló; y todos fueron llenos del Espíritu Santo* (Hch 4.31). La consecuencia inmediata fue que Dios respondió al pedido expreso de la comunidad de discípulos, porque todos ellos, antes que esconderse en algún seguro o escaparse de Jerusalén, *hablaban con denuedo la palabra de Dios* (Hch 4.31).

Sin embargo, las consecuencias de este pedido de oración, su decisión de no quedarse callados y de no dejarse intimidar por las amenazas de los poderosos de ese tiempo, a la larga, condujo al martirio y a la muerte a varios de ellos. Así, un poco después, Pedro y Juan fueron arrestados, azotados y amenazados (Hch

5.17–40). Esteban, uno de los discípulos, murió apedreado por los judíos (Hch 7.54–60). Hubo una persecución contra los discípulos que tuvo como consecuencia el desplazamiento forzado de varios de ellos, especialmente, los discípulos helenistas o de habla griega (Hch 8.1–4). Además, Pedro fue encarcelado, y Jacobo, muerto con espada (12.1–4).

5. El poder de los excluidos por el sistema

Los excluidos galileos que se habían atrevido a desafiar la prohibición de las autoridades religiosas, encontraron en la oración el combustible espiritual que necesitaban para afrontar el momento crítico que estaban viviendo.

Precisamente, ahí reside el poder de los excluidos, quienes tienen en la oración una fuerza espiritual que los poderosos de este mundo no pueden secuestrar ni manipular a su antojo y que les impulsa a proclamar en todos los espacios sociales su fe en Jesús crucificado y resucitado. Una fe que nunca debe depender de las circunstancias materiales en las que se encuentren ni debe ser frenada por las intimidaciones veladas o abiertas del poder político y religioso.

En consecuencia, una oración conectada con los problemas concretos de la realidad histórica, tiene que ser una oración inteligente y comprometida, antes que un monólogo sobre las necesidades materiales de los discípulos o la expresión de una fe religiosa confinada a la esfera privada de la vida y, por lo tanto, incapaz de afectar las estructuras de poder que oprimen a los seres humanos.

6. Una oración contextual

Así como la oración colectiva de la comunidad de discípulos de Jerusalén, la oración cristiana personal y comunitaria tiene que ser también una oración contextual o enraizada en el espacio-tiempo en el que los creyentes están situados y cumplen fielmente la misión encomendada por el Dios de la Vida.

Nunca debe ser una oración escapista, a-histórica, alejada de la realidad en la que discurre la vida humana y en la cual se tiene que cumplir el encargo de proclamar públicamente la fe en Jesús encarnado, crucificado, resucitado, exaltado y Rey que viene otra vez. La oración cristiana debe ser siempre una práctica permanente, personal y comunitaria, insertada en la cotidianidad de las diversas relaciones humanas.

> **... como la oración colectiva** de la comunidad de discípulos de Jerusalén, la oración cristiana personal y comunitaria tiene que ser también una oración contextual o enraizada en el espacio-tiempo.

Para que sea una oración contextual, tiene que ser una oración informada y pensada, una oración basada en una lectura teológico-política de la realidad que discierna las intenciones que están detrás de las palabras y de las acciones de las autoridades temporales. Una oración que para nada es ingenua o despistada, tampoco encubridora, porque denuncia públicamente —antes que justificar o legitimar— las prácticas de muerte que traman o urden y aplican las fuerzas de la muerte y sus operadores políticos y religiosos.

Una oración
liberadora

El Padrenuestro es una oración liberadora. A la luz de nuestro estudio, queda claro, y es indudable que tiene un contenido y un alcance liberadores que afectan toda la vida: personal, familiar y ciudadana. Es una oración que da cuenta de la acción de Dios en la historia de las personas y la de los pueblos.

Basta pensar en el significado y en las consecuencias sociales y políticas de las palabras "el pan nuestro de cada día" para valorar su dimensión liberadora, y para dejar a un lado todo interés egoísta y subalterno, así como toda práctica deshumanizadora contraria a la justicia del reino de Dios.

Es suficiente pensar en el significado y en las consecuencias sociales y políticas de la palabra "Padrenuestro" para comprender cómo los niños vulnerables e indefensos y las mujeres que sufren violencia, ninguneados por la sociedad, se sienten aceptados, amados y libres, porque tienen a un Padre (no a un padrastro o a un padre adoptivo) que los acoge y defiende de todas las violencias que los deshumanizan y cosifican.

Pero ¿sólo el Padrenuestro es una oración liberadora? No es así. Teniendo en cuenta el testimonio bíblico, además del Padrenuestro, se puede pensar también en otras oraciones en las que se afirma y constata la acción liberadora de Dios en favor de las personas ninguneadas, como la oración de Ana (1S 2.1–10) y su eco neotestamentario en el *Magnificat* de la campesina galilea María (Lc 1.46–55). Incluso en la oración del anciano Simeón (Lc 2.29–31) y en la acción de gracias de la anciana Ana (Lc 2.38) se percibe la dimensión liberadora de la oración.

En otras palabras, la historia bíblica tiene como un eje transversal la dimensión liberadora de la oración, en la cual se expresa la justicia de Dios que quiebra toda forma de violencia y visibiliza a quienes se encuentran en la periferia de la sociedad. ¿No fue así la oración liberadora del profeta Elías cuando confrontó públicamente a los operadores político-religiosos de un dios falso como Baal en el monte Carmelo? (1R 18.36–40). Más aún, ¿no fue también liberadora la oración de confesión, arrepentimiento y búsqueda de perdón del rey David, luego de ser confrontado por el profeta Natán cuando cometió adulterio y asesinato? (Sal 51.1–19).

> **La oración cristiana es dialogo con Dios,** conversación íntima con Él, expresión de una fe auténtica que da cuenta de la frescura de nuestra relación con el autor de la vida que ama y defiende la vida.

Como se puede deducir de un análisis contextual del Padrenuestro, la oración cristiana no es un mero ejercicio espiritual, un formalismo religioso, una tradición heredada de nuestros padres o una sección de la liturgia personal, familiar o comunitaria. La oración cristiana es dialogo con Dios, conversación íntima con Él, expresión de una fe auténtica que da cuenta de la frescura de nuestra relación con el autor de la vida que ama y defiende la vida. La oración cristiana es profundamente liberadora. Es así porque, cuando oramos, no sólo se quiebran los temores personales y se afirma la esperanza, sino que se desmantela toda forma de opresión que atenta contra la vida y la justicia. La oración cristiana expresa, entonces, que, para el creyente, Dios camina a su lado, responde a su clamor y lo libera de todo aquello que desfigura su condición de imagen de Dios. Y es así porque el creyente cree en la inmediatez del amor y la justicia de Dios, y porque confía en la cotidianidad de su acción liberadora.

Bibliografía

Boff, Leonardo

    1986   *El Padrenuestro.* Buenos Aires: Ediciones Paulinas.

Bosch, David

    2000   *Misión en transformación: Cambios de paradigma en la teología de la misión.* Grand Rapids: Libros Desafío.

Bruce, F. F.

    1998   *Hechos de los Apóstoles: Introducción, comentario y notas.* Buenos Aires-Grand Rapids: Nueva Creación-William B. Eerdmans Publishing Company.

Brown R. E., Donfried K. P., Fitzmyer J. A. y Reumann J.

    1994   *María en el Nuevo Testamento: Una evaluación conjunta de estudiosos católicos y luteranos.* Salamanca: Ediciones Sígueme.

Cullmann, Oscar

    1999   *La oración en el Nuevo Testamento: Ensayo de respuesta a cuestiones actuales a la luz del Nuevo Testamento.* Salamanca: Ediciones Sígueme.

Daniélou, Jean

    1969   *Los evangelios de la infancia.* Barcelona: Editorial Herder.

Egido, Teófanes

    2001   "El Magnificat". En Lutero, *Obras,* Salamanca: Ediciones Sígueme. 176–204.

Escudero, Carlos

    1978   *Devolver el Evangelio a los pobres: A propósito de Lc 1–2.* Salamanca: Ediciones Sígueme.

González, Justo

  2000   *Hechos de los Apóstoles*. Buenos Aires: Ediciones
          Kairós.

  2019   *Padre Nuestro: La oración que el Señor nos enseñó*.
          El Paso-Texas: Editorial Mundo Hispano.

Grelot, Pierre

  1987   *Los evangelios y la historia*. Barcelona: Editorial Herder.

  1988   *Las Palabras de Jesucristo*. Barcelona: Editorial Herder.

Gutiérrez, Gustavo

  1988   *Teología de la liberación: Perspectivas*. Lima: Centro de Estudios y
          Publicaciones.

Hamman, A.

  1967   *La Oración:* I. *El Nuevo Testamento;* II. *Los tres primeros
          siglos*. Barcelona: Editorial Herder.

Jeremías, Joachim

  2005   ABBA: *El mensaje central del Nuevo Testamento*.
          Salamanca: Ediciones Sígueme.

  2009   *Teología del Nuevo Testamento: La predicación de Jesús*. Salamanca:
          Ediciones Sígueme.

Kruger, René

  1988   "El Magnificat de Lucas 1.46–55". En *Cuadernos
          de Teología* Vol. IX N.° 1 (primer trimestre 1988): 77–83.

Park, Stuart

  2012   *Magníficat: María, la madre del Señor*. Valladolid:
          Ediciones Camino Viejo.

Pikaza, Xabier

  1985   *Anunciar la libertad a los cautivos: Palabra de Dios y catequesis*.
          Salamanca: Ediciones Sígueme.

Rigaux, Veda

  1973   *Para una historia de Jesús: El testimonio del Evangelio de Lucas*.
          Bilbao: Descleé de Brouwer.

Senior, Donald

  1985   "Los fundamentos de la misión en el Nuevo Testamento". En Senior
          Donald y Stuhlmueller Carroll, *Biblia y Misión: Fundamentos
          bíblicos de la Misión*. Estella: Editorial Verbo Divino. 188–422.

Stott, John

  1984   *Contracultura cristiana: El mensaje del Sermón del Monte*. Buenos
          Aires-Lima-Downers Grove: Ediciones Certeza.

2010   *El mensaje de Hechos*, Barcelona-Buenos Aires-La Paz: Ediciones Certeza Unida.

Yoder, John

1985   *Jesús y la realidad política*, Buenos Aires-Downers Grove: Ediciones Certeza.

www.ingramcontent.com/pod-product-compliance
Lightning Source LLC
LaVergne TN
LVHW010237200726
843506LV00014B/3015